시선(視線) 2016~2017

국립중앙도서관 출판예정도서목록(CIP)

시선 : 2016-2017 : NCCK가 주목한 오늘, 이 땅의 언론 / 엮
은이: NCCK 언론위원회 ; 지은이 : 김당, 김덕재, 김주언, 심
영섭, 양승동, 이영주, 장해랑, 한홍구. ― 서울 : 동연, 20
17
    p. ;   cm. ― (NCCK 북시리즈 ; 008)

한자표제: 視線
ISBN 978-89-6447-373-3 03070 : ₩13000

언론[言論]

070.13-KDC6
070.1-DDC23   CIP2017024450

NCCK 북시리즈 008

NCCK가 주목한 오늘, 이 땅의 언론

시선(視線) 2016~2017

2017년 9월 15일 인쇄
2017년 9월 20일 발행

엮은이 | NCCK 언론위원회
지은이 | 김 당 김덕재 김주언 심영섭 양승동 이영주 장해랑 한홍구
펴낸이 | 김영호
펴낸곳 | 도서출판 동연
등 록 | 제1-1383호(1992년 6월 12일)
주 소 | 서울시 마포구 월드컵로 163-3
전 화 | (02) 335-2630
팩 스 | (02) 335-2640
이메일 | yh4321@gmail.com

ISBN 978-89-6447-373-3 03070
ISBN 978-89-6447-310-8 03200(세트)

북시리즈 008

NCCK가 주목한
오늘, 이 땅의 언론

시선 視線

2016~2017

NCCK 언론위원회 엮음

김 당 김덕재 김주언 심영섭 양승동
이영주 장해랑 한홍구 함께 씀

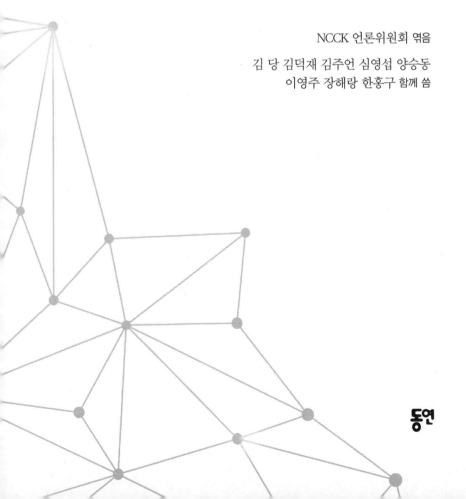

동연

머리말

한국기독교교회협의회(NCCK)는 진실과 정론이 사라진 시대에
언론이 권력을 향한 봉사에서 벗어나 사회적 약자를 돕고 이 땅의
정의와 평화, 민주주의에 기여하도록 "발언하고, 감시하고, 행동할
것"을 목표로 2015년 언론위원회를 발족하였습니다.

이후 언론위원회는 이 같은 목표실현을 위한 노력의 일환으로
"NCCK 언론위원회가 「(주목하는)시선 2016~2017」"을 선정하여
왔습니다.

사회적 약자들의 시선에 주목하며 세상과 새롭게 소통하는 방
법을 찾아 매월 그 달의 「(주목하는)시선」을 선정했고 어느덧 1년
이라는 시간이 쌓여 결실을 맺게 되었습니다. 긴 시간을 함께 해주
신 선정위원회에 감사드립니다. "잃어버린 가치를 되찾고 버렸던
믿음을 다시 발견한다"라는 목표처럼 이 사회가 잃어버린 가치를
되찾는데 작은 보탬이 되기를 바랍니다.

2017년 9월
한국기독교교회협의회
총무 김영주

김 군은 효율이란 구호에 밀린 생명과 안전의 현실을 적나라하
게 드러낸다. 여전히 효율이란 이름으로 공기업과 의료민영화,
기업의 구조조정이 무더기로 진행되고 있지만, 우리 사회는 잘
려나간 노동자들을 감싸 안을 그 어떤 장치도 준비되어 있지 않
다. (중략) '김 군의 가방'은 비정규직과 안전망이 상실된 사회시
스템의 이중 피해자였다.

'NCCK 언론위원회가 「(주목하는)시선 2016」' 첫 번째 시선이
었던 "김군의 가방"을 선정하며 세상에 드렸던 글의 일부입니다. 언
론위는 '시선'을 선정하며 우리의 시선이 가난한 노동자의 친구였
던 예수의 시선을 닮기 바랐습니다. 인간성을 회복하는 시선이기를
원했고, 소통을 지향하는 시선이고자 했습니다. 나아가 자기를 성
찰하는 계기를 찾는 시선인 동시에 오늘, 이곳을 살아가는 이로서
의 시선이 되고자 했습니다.

이제 처음 1년간의 '시선'들을 모아 한 권의 책으로 묶어내며 다
짐에 충실했던가를 뒤돌아봅니다. 스스로에 대한 뿌듯함과 대견함
뒤편으로 아쉬움이 따라 옵니다. 주류의 언론들이 관심가지지 않았

던 사회적 약자들의 시선에 더욱더 충실할 수는 없었나 하는 생각이 드는 것은 그것이 예수께서 알려 주신 언론위원회의 사명이라고 믿기 때문입니다.

아쉬움을 밑바탕 삼아 앞으로의 '시선'을 향한 바람을 생각해 봅니다.

첫째, 생명과 인권을 신앙 삼아 힘없고 가난한 자의 목소리를 담는 시선이 되기를 바랍니다.

둘째, 사람이 소중하다는 철학으로 잃어버린 가치를 되찾고 무뎌진 정신을 벼리는 시선이 되기를 바랍니다.

셋째, 언론은 소통이라는 정신으로 사실 속에 감추어진 의미와 진실을 드러냄으로 세상을 기록하고 소통하는 시선이 되기를 바랍니다.

넷째, 나부터 변해야 한다는 반성으로 덜 누리겠다는 양보와 더 내겠다는 솔선을 실천해 함께 살아갈 공동체를 회복하는 시선이 되기를 바랍니다.

다섯째, 오늘, 이곳이 중요하다는 인식으로 현재의 삶을 읽고 세상을 있는 그대로 전달함으로 시대의 아픔을 소통해 미래를 준비하는 시선이 되기를 바랍니다.

　NCCK 언론위원회와 '주목하는 시선'을 따스한 관심으로 바라보아 주시기를 당부합니다.

2017년 9월

언론위원회 위원장

이동춘 목사

차 례

김 군의 가방*

심영섭

'사소한 오후 5시57분'

- 2016년 5월 28일 오후 5시 57분, 서울메트로의 하청업체인 은성PSD 직원인 김 군이 서울 지하철 구의역 9-4승강장의 안전문(스크린도어)을 점검하다가 달려오는 열차에 치어 숨을 거두었다.

- 프랑스 외유를 떠났던 대통령은 이날 오후 뜬금없이 우간다의 수도 캄팔라에 나타났다. 북한의 아프리카 주요 거점인 우간다를 설득하여 재래식 무기를 판매하러 떠났다고 한다.

- 국회는 제19대 임기 만료를 하루 앞두고 여전히 제20대 원구성에 합의하지 못한 채 자리 나누기에 여념이 없었다.

---

* 이 글은 월간 〈기독교사상〉 2016년 8월호에 게재된 원고를 재수정한 것임.

- 아무런 대책도 제시하지 못한 채 장기 불황에 빠진 조선 3사는 채권 은행들과의 구조조정 협상을 위해 '노동자 해고'라는 자구안 검토를 마무리하고 있었다.

- 정부는 금융산업의 경쟁력을 위해 은행과 보험회사가 보유한 개인 정보를 하나로 묶어 관리하는 빅데이터를 활성화하여, 은행과 보험사가 고객 정보를 무한 영업에 이용하도록 편익을 제공하겠다고 밝혔다.

- 코스피 지수가 2000선에서 환매가 늘어났고 삼성그룹의 펀드 자금은 이탈이 가속화되었다.

- 축구 국가대표팀은 스페인, 체코와의 평가전을 앞두고 인천공항을 통해 출국했고, 서울시는 미세먼지 해결을 위해 전용 차량을 '전기차' 아이오닉으로 교체할 예정이다.

- 신세계 그룹이 오픈 예정인 복합 쇼핑몰 '스타필드 하남'에 청년 창업자 17명을 선발하여 보석, 안경테, 옻칠유기, 생활한복 등 다양한 상품을 판매할 수 있도록 지원한다고 밝혔다.

- 중국은 자체적으로 만든 테마파크인 완다시티 1호점을 장시성의 성도인 난창에서 개장했다. 완다시티는 서구 문화에 잠식당한 중국 문화의 자존심을 되찾는 야심작이라고 한다.

- 미국 연방준비제도 의장까지 가세하여 미국 내 금리 인상설을 부추기면서 달러 가치는 지속적으로 상승했고, 반대로 원자재 값은 바닥을 쳤다.

- 영국에서는 유럽연합 탈퇴를 위한 국민투표를 앞두고 반대파

와 찬성파가 연일 격돌하였고, 이슬람국가(ISIS)는 글로벌하게 세계의 도처에서 사람을 죽이고 있었다.

그래도 주말을 맞이한 구의역에는 이날도 인파가 몰려들었다. 권력과 자본이 만들어놓은 '제도화된 소비왕국'에서 주말은 그야말로 '죽여야 할 시간'(Killing Time)이었다. 그곳에 김 군이 서 있었다. 아무도 기억하지 못하는 아주 사소하고 평범한 '오후 5시 57분'. 어쩌면 김 군의 죽음은 서울메트로와 은성PSD사이에 맺은 '장애 신고 접수 1시간 안에 조치를 취한다'는 업무 협약에 희생된 사람들의 '이제는 평범한 일상이 된 죽음'의 하나로 묻힐지도 모른다. 그러나 이렇게 잊힐 수는 없다.

19세 청년의 꿈 많은 청춘이 축구 국가대표팀 평가전이나 난창에 개장한 완다시티, 1회 충전으로 시속 190km를 달릴 수 있다는 아이오닉보다 무의미하지 않다. 오히려 그의 꿈은 가난한 대다수 청년의 꿈처럼 창대했을 것이다. 개인의 죽음이 개인의 비극으로 끝날 수 없다. 세례자 요한은 소외받는 대다수 민중의 개별적인 축복을 위해 세례를 베풀었지만, 그가 어느 '사소한 오후 4시'에 예수를 만나면서, 개별적인 축복은 인간의 구원으로 승화될 수 있었다. 김 군의 '사소한 오후 5시 57분'은 개인의 불행으로 남지 않고, 모두에게 새로운 희망을 주는 '특별한 오후 5시 57분'이어야 한다.

김 군은 컵라면을 먹으면서도 대학에 가기 위해서 140만원 월급 가운데 매달 100만 원씩 적금을 부었는데, 그가 가고자 했던 '꿈

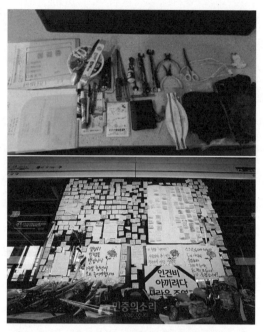

김군의 가방에 있던 소지품(사진 제공: 유가족)과 김군을 추모하
는 구의역 9-4출구에 붙은 메모(사진 제공: 민중의소리,
https://www.instiz.net/pt?no=3835434&page=1)

의 본향'은 어디였을까? 그가 가보지 못한 곳에 또 다른 김 군들은
갈 수 있을까?

　독일어 '하이마트'(Heimat)는 본래 고향, 본향을 의미한다. '하
이마트'는 '내가 태어난 집(Heim)이 있는 곳'이고, 돌아갈 집이 있
는 본향이다. '엘렌트'(Elend)는 타향이다. '엘렌트'의 어원은 중세
독일어 'Elilendi'(엘리렌디)로 '집밖의 나라'를 뜻한다. '엘리렌디'
는 태어난 곳이 'Heim'(집)이 아닌 'Eli'(밖)라는 뜻이다. 이 '엘리렌

디'는 '나그네 되어 집밖에서 살거나 집밖에서 태어나 고향을 모르는 고단하고 힘겨운 삶, 비참한 삶'을 의미한다. 이집트에서 노예 생활을 하던 야곱의 후손들, 바빌론으로 끌려간 히브리 노예들의 삶이 엘렌트였다. 그래서 엘렌트는 '타향'을 뜻하기도 하지만, '비참함'이라는 중의적 의미로 더 쓰인다. 김 군이 꿈꾸었던 본향은 하이마트였다. 그러나 그가 살다가 떠난 이곳은 여전히 엘렌트(비참함)가 지배하는 타향이다.

메두살렘의 부역자들

엘렌트가 지배하는 타향은 본래 죽은 자들의 도시이다. 그리스 사람들은 서쪽에 있는 죽은 자들의 나라 가까운 곳에 괴물 세 자매가 살고 있다고 믿었다. 이 세 자매는 각기 다른 능력을 가졌지만 하나같이 악독했다. 그 가운데 막내인 메두사(Medusa)는 보기 싫은 얼굴에 멧돼지 이빨을 가지고 있었다. 메두사가 처음부터 악녀는 아니었다. 선악과를 훔쳐 먹은 하와처럼 금지된 색을 탐하다가 저주를 받고 머리카락은 뱀이고 청동팔과 황금날개를 가진 괴물이 되었다. 메두사가 지배하는 해안을 따라서 항해하던 사람들은 황홀하리만큼 듣기 좋은 노랫가락에 홀려 메두사에게 영혼을 빼앗긴다. 메두사는 뱃사람들에게 마법을 걸어서 자신의 형상을 직접 보게 만든다. 메두사의 형상을 본 사람은 누구나 돌로 변하는 저주를 받았다. 인간이 메두사의 노랫가락에 영혼을 빼앗기고 돌로 변하는 저주의 땅, 그곳은 엘렌트가 지배하는 메두살렘(Medusalem)이다.

메두사에게 영혼을 빼앗긴 인간은 메두살렘의 밑동을 받치는 돌무더기에 불과하다. 한번 빼앗긴 영혼은 되찾을 수 없다. 메두사에게 저항하기 위해서는 황홀한 노랫가락에 홀리지 않기 위해 강건해야 하고, 유혹을 거부할 수 있어야 한다. "두려워하는 마음(영)이 아니라 능력과 사랑과 절제하는 마음(영)"(디모데후서 1:7)이 살아있어야 메두살렘의 저주를 이길 수 있다.

메두살렘은 단지 그리스 신화에나 있는 것은 아니다. 우리 사회의 메두살렘은 권력(Macht, Power)과 금권(Money), 언론(Media)이 만들어간다. 거기에 교회(Mission)가 메두살렘을 떠받치는 죽음의 동맹에 점점 더 깊게 개입하고 있다. 권력은 가난한 이들의 소외된 삶을 사회 구조의 하나로 영구화하는데 깊게 관여한다. 인간의 기본권이나 생명보다는 사회를 지배하는 기득권을 강화하는데 기여한다. 금권은 효율성만을 강조한다. '사소했던 5월 28일 오후 5시 27분' 구의역에서는 시민의 안전을 지키기 위해 설치한 안전문을 수리하던 김 군을 위해 자본은 열차 운행을 잠시 중단시키거나, 작업자를 위한 또 다른 안전문을 열어 주었어야 했다. 그러나 열차는 멈추지 않았고, 열려야할 작업자를 위한 안전문에는 붙박이 광고판이 붙어있었다.

언론은 누군가를 비난하는데 여념이 없다. 그리고 시간이 지나면 자연스레 잊히도록 유도한다. 진실도 원인도 알고 싶어 하지 않는다. 미디어의 시간은 짧고 간결하다. 메두살렘의 병든 사회는 원인을 분석하고 해결책을 찾을 수 있는 기회를 주지 않는다. 오히려 시청자와 독자가 언론이 생산하는 인스턴트 정보를 무한 소비하도록 자극할 뿐이다. 교회는 지불하지 않는 게으른 교인에게는 처음부터 관심이 없다. 하나님의 말씀은 개인에게만 관련 있는 복음일 뿐, 사회적 맥락과는 관계없는 내면적인 구원만 설교하고 있다. 이러한 복음의 사유화는 무관심과 무관용을 만들어내고, 개인의 구원을 천박한 헌금 액수와 직책으로 치환시키고 있다. 교회는 더 이상 금권과 권력을 머리에 얹은 메두사를 따를게 아니라 예수의 발자취를 따라가는 가난한 제자의 길에 들어서야 한다. 종은 그 주인의 하는 일을 알지 못한다(요한복음 15:15). 그러나 친구는 친구의 바람과 갈급함을 알기에 스스로 그 옆에 서고, 함께하는 것이다.

권력과 금권, 언론, 교회가 떠받치고 있는 메두살렘은 죽음의 땅이자 저주의 땅이다. 그곳에서 인간은 영혼의 안식도 육신의 평화도 찾을 수 없는 고단한 삶을 반복할 수밖에 없다. 그렇다고 모든 비극을 사회적, 정치적 문제로 환원시킬 수는 없다. 오히려 죽음을 놓고 거래하는 악의 근원을 찾아서 유혹하는 메두사를 잠재우고 생명의 말씀을 다시 세워야 한다.

생명의 말씀은 가난하고 소외받은 모든 이들이 우리 사회의 중심에 들어오는 경험을 할 수 있는 출발이다. 우리의 절망감과 상실감을 애매모호한 위로나 처방으로 모면해서는 생명의 길을 찾을 수 없다. 오히려 인간의 가치가 존중되는 '집단적 도전'을 통해 생명의 역사를 다시 쓰려는 연대가 필요하다. 집단적 도전은 착취와 죽음의 땅이었던 이집트와 바빌론, 아우슈비츠를 탈출했던 이스라엘 백성처럼 하나님의 공의와 생명의 길을 찾는 시작일 수 있다.

'집단적 도전'을 위해 언론이 해야 할 일은 우리가 '아직 알아채지 못한'(Noch-Nicht-Bewusste) 생명의 땅을 찾아가도록 길잡이가 되어 주는 것이다. '아직 알아채지 못한' 생명의 땅을 찾아가는 여정은 '희망'(Hoffnung)이다. 그러나 이러한 희망은 오랜 시간 꿈꾸어야 하고, 지치더라도 쓰러지지 않고 가야만 한다. 생명의 길은 과정의 길이어야 한다.

「(주목하는)시선 2016」

한국기독교교회협의회(NCCK)는 죽음의 땅인 메두살렘에서 생명의 길로 떠나기 위해 2015년 2월 〈언론위원회〉를 발족시켰다. NCCK 언론위원회는 우리 사회 정의의 실현을 위해 진실을 말하고자 하는 바른 언론이 지켜지고, 약자들의 자유로운 언로가 보장받는 사회를 위하여 10대 언론개혁 과제를 선정하고 이의 실현을 위해 "발언하고, 감시하고, 행동할 것"을 선언했다. NCCK 언론위원회의 10대 언론개혁 과제는 표현의 자유 보장, 언론의 공공성 구현, 보도의 공정성 추구, 국민을 위한 공영 미디어화, 종합편성 채널에 대한 특혜 폐지, 다양한 관점과 의견을 위해 대안 언론 지지, 해직

자 복직과 비정규직 착취 중단, 편향적 방송통신심의 시정, 지역 언론 보호, 상업 자본의 언론 진출 제한이었다.

하나님 나라를 향한 그리스도교 신앙은 우리를 정의·평화·생명의 길로 인도하며, 우리는 제사장적 신앙과 예언자적 신앙으로 그 길을 걷는다. 뭇 생명을 사랑으로 보살피는 제사장적 신앙과 불의에 저항하고 약자를 옹호하는 예언자적 신앙은 하나의 길이 되어 우리를 하나님나라로 이끌고 있다. "다만 정의를 강물처럼 흐르게 하여라. 서로 위하는 마음 개울같이 넘쳐흐르게 하여라"(아모스 5:24)는 말씀처럼 NCCK 언론위원회는 진실이 강물처럼 흐르는 사회, 정론이 개울처럼 넘치는 언론을 위하여 정의·평화·생명의 길을 인도하는 것을 목표로 한다.

NCCK 언론위원회는 언론이 스스로 만든 허위의 신화를 타파하고, 자기 역할을 제대로 수행하기 위한 성찰과 개혁을 하도록 길을 제시하기 위한 첫걸음의 하나로 언론상 「(주목하는)시선 2016」을 제정하였다. 「(주목하는)시선 2016」은 기존의 언론상과 달리 언론의 범위를 언론매체와 제도로 정의하지 않고, 표현의 자유·집회·결사·시위 등 모든 소통행위를 언론으로 정의했다. 성경에서 예수는 가난한 노동자의 친구였고, 교회는 정의·평화·생명의 메시지를 전하는 미디어였으며, 하느님의 말씀은 소통이었다. 인권, 노동, 평화, 환경, 표현의 자유, 민주 등 사람이 사람답게 살아갈 이 모든 조건은 소통에서 온다.

예수는 "너희는 내가 명하는 대로 행하면 곧 나의 친구라. 이제

부터는 너희를 종이라 하지 아니하리니 종은 주인이 하는 것을 알지 못함이라 너희를 친구라 하였노니 내가 내 아버지께 들은 것을 다 너희에게 알게 하였음이라"(요한복음 15:14-15)고 말씀하셨다. 메두살렘에 홀린 종은 주인이 시키는 일만 한다. 그러나 하느님의 말씀에 따라 소통하는 이들은 예수의 친구가 되어 생명의 길을 스스로 찾아갈 수 있다.

그러나 오늘날 한국은 '예수의 친구'가 아닌 '메두살렘의 종'이 지배하는 불통의 사회이다. 소통이 사라지면서 친구의 자리에 금력과 권력을 탐하는 종이 메두사의 주문만 기다리고 있다. 불통은 다름의 자리를 차별이, 민주의 자리를 독재가, 평화의 자리를 전쟁이 차지하게 만들었다. 가치를 상실한 사회는 가진 자가 더 많은 이익을 추구하는 비인간적이고 폭압적인 세상이다. 친구가 아닌 종이 주인인 사회에서 인권은 무시되고, 사회의 기초인 가족이 무너지고 공동체는 붕괴되었다. 또한 가난한 자와 약한 자는 의지할 곳을 잃고, 꿈과 희망이 없는 메두살렘의 돌덩이로 변하고 있다.

「(주목하는)시선 2016」은 금력과 권력에 의해 왜곡되고 붕괴된 메두살렘에서 교회는 소통의 물꼬를 터서 생명의 길을 복원하는 출발점이 되어야 한다. 소통은 사람이 사람답게 존중받고 아름답고 평화로운 세상을 만들어, 하나님이 이 세상에 세우고자 한 정의와 평화, 생명의 나라를 세우는 일이다. 소통을 회복하는 일은 언론위원회가 발언·감시·행동의 시대적 소명을 다하는 일이다.

2016년 6월 처음으로 선정한 「시선 2016」은 구의역에서 안전문 공사를 하다 숨진 19살 비정규직 '김 군의 가방'이다. 가지런하게 챙긴 작업 공구와 컵라면으로 상징되는 '김 군의 가방'은 오늘 청년들의 현실을 단적으로 드러낸다. 이 땅의 청년은 연애, 결혼, 출산 포기의 3포를 넘어 내 집 마련, 인간관계, 꿈과 희망까지 포기한 7포세대, 나아가 N포세대로 불린다. 청년들은 지금 11%가 넘는 실업률(한 민간 경제연구소의 자료에 따르면 최대 34%에 이른다) 속에서 심각한 취업난을 겪고 있으며 취업을 해도 비정규직을 벗어나기 어렵다. 김 군 역시 정규직이 하지 않는 위험한 일을 담당했던 비정규직이었다. 비정규직은 동일한 노동을 하지만 정식 노동자보다 엄청난 차별대우를 받으며 사회적 문제를 축적해 가고 있다. 하지만 한시적 일자리로 시작한 비정규직은 점점 늘어나, 이제 600만에 육박하며 일상 고용이 되어 버렸다.

김 군은 효율이란 구호에 밀린 생명과 안전의 현실을 적나라하게 드러낸다. 여전히 효율이란 이름으로 공기업과 의료민영화, 기업의 구조조정이 무더기로 진행되고 있지만, 우리 사회는 잘려나간 노동자들을 감싸 안을 그 어떤 장치도 준비되어 있지 않다. 사회보장 제도에 대한 논의가 논쟁만 거듭하고 있는 동안 가장이 무너지며 사회 기초 단위인 가정이 붕괴 되고, 미래 기둥인 청년들은 꿈과 희망을 상실하고 있다. '김 군의 가방'은 비정규직과 안전망이 상실된 사회 시스템의 이중 피해자였다.

김 군은 컵라면을 먹으면서도 대학에 가기 위해 140만원 월급 중에 매달 100만원씩 적금을 부었던 성실한 청년이었다. 첫째 아들에게 '성실하게 살아라' 가르쳤던 어머니가 통탄하며, 둘째에겐 '절대 원칙대로 살라 가르치지 않겠다'고 절규한 모습은 김 군의 가방이 상징하는 오늘 이 땅의 현주소이다.

청년은 대한민국의 미래다. 청년에게 다시 꿈과 희망을 심어 주기 위해서 우리는 무엇을 준비해야 하는가. 우선 구의역 9-4를 기억해야 한다. 그의 죽음을 계기로 반복되는 죽음의 의미를 돌아보며 다시 안전과 노동의 가치, 사람의 소중함을 되새기는 일이다. 우리가 애써 외면해왔던 가진 자들의 담합과 독점, 탐욕에 찌든 사회구조를 깨기 위해 내 이기심부터 내려놓는 일이다. 그것이 〈김 군의 가방〉 속의 가지런한 공구들과 컵라면이 우리에게 던지는 말, 곧 소통의 메시지였다.

「지금 여기에」 우리가 함께

〈김 군의 가방〉은 제도화된 폭력 앞에 희생된 한 청년의 꿈을 담고 있다. 물질적인 개인의 축복보다는 가족이 있는 영적인 삶, 현실에 만족하고 타협하기보다는 내일을 꿈꾸었던 삶, 개인보다는 공동체를 더 생각했던 그의 꿈이 있다. 그가 찾고자 했고 가고자 했던 생명의 나라를 모두가 함께 꿈꿀 수 있어야 한다. 가난은 더 이상 반복적이고 비인간적인 형태로 개인의 게으름과 무능으로 낙인찍는 폭력이 제도화되지 못하도록 해야 한다. 그러나 불평등의 원인과 대상에 대한 '사회적 상징'을 나열하거나 한탄하는 일만으로는 충분하지 않다. 오히려 생명의 말씀과 대립되는 모순을 찾아서 극복할 수 있는 '집단적 모험'을 위한 연대가 필요하다. 우리가 상실한 본향을 향한 꿈을 다시 찾아야 한다.

「(주목하는)시선 2016」은 우리 사회를 향한 정당한 발언을 격려하는 일이다. 「(주목하는)시선 2016」은 우리의 언론이 불의를 감시하고, '집단적 도전'을 위한 연대에 참여하는데 앞장서기를 요구한다. 더 이상 생명의 말씀을 소수에게만 선택적으로 주어진 축복인 것처럼 조작하지 말아야 한다. 또한 우리 사회에 만연한 좌절과 차별을 구조화하는데 앞장서지 않고, 오히려 좌절을 극복하도록 '지금 여기'(*hit et nunc*)에서 모두에게 희망을 일깨우는 일에 참여해야 한다. 또한 개인의 불행과 고통을 '노력'이 부족해서 발생하는 개인의 문제로 변질시키지 말아야 한다. 〈김군의 가방〉을 개인의 구원요청으로만 인식한다면, 하나님의 생명의 말씀을 깨달을 수 없을 것이다. 개인주의는 모든 사회문제와 불평등의 원인을 개인의 문제로 치환시켜주는 여과기와 같다. 그러나 우리는 그 가방 속에 들어 있는 불평과 차별, 그리고 희망을 보아야 한다. 가난한 사람들의 연대가 성장하고 성숙할수록 낡은 이익집단의 준거 틀과 편견은 붕괴할 것이다. 이러한 편견을 없애는 일은 선택받은 소수의 특권과 이 특권에 기초한 개인주의라는 메두살렘의 저주를 밝혀내면서 시작될 것이다. 하나님은 억압받는 사람들의 요새(시편 9:9)였다. 그렇기에 억압받고 소외받는 이들이 참여하는 집단적 도전을 위한 연대

구의역 스크린도어 사고로 비정규직 노동자 김건우 군이 사망한 가운데 그를 추모하기 위한 국화가 스크린도어 앞에 놓여있다. (자료사진 ©민중의소리)

가 시작되어야만 메두살렘이 몰락할 수 있을 것이다. 예수의 시대에도 그가 전하는 생명의 말씀을 듣고 소통한 이들은 가난하고 병들고 영혼이 죽어가던 사람들(누가복음 7:22)이었다. 그들이 깨어나 메두살렘의 돌들이 외칠 때 성벽은 무너지고 생명의 말씀은 다시 살아날 것이다. 언론이 서야할 곳은 바로 지금 이곳 '김군의 곁'이다. 언론은 「(주목하는)시선 2016」과 함께 〈김 군의 가방〉에 담긴 희망을 실현시키는 집단적 도전을 시작해야 한다.

【2016년 6월에 논의했던 다른 후보들】

─ 강남역 10번 출구

서울에서 가장 화려한 곳, 하지만 그곳은 편견의 성차별로 드러나는 여성 혐오와 힘센 자가 사회적 약자에게 가하는 폭력이 우리 사회에서 어떻게 일어나는지 상징적으로 보여주는 현장이다. 한편으로 갑은 빠지고 을끼리의 싸움이자, 최소한의 인권조차 지켜지지 않는 인권 사각지대의 모습, 구조적 모순보다 현실을 덮기에 급급한 오늘 언론의 모습까지 총체적으로 드러낸다. 그럼에도 필리버스터와 청년들의 목소리가 동지애로 뭉치는 희망의 현장이기도 하였다.

─ 시흥탈북자심문센터

중국 식당 북한 노동자들의 인권을 둘러싸고 지난 3일 민변과 NCCK가 면회를 신청하였다. 국정원으로 부터의 답변은 법원의 보존신청 기간을 훌쩍 넘긴 한 달 뒤 답변을 주겠다는 것. 최근 서울시 공무원 간첩조작 사건 등 국정원의 행보는 우려스럽기 짝이 없다.

─ 홍준표 경남지사 주민소환운동본부

학부모단체가 받은 35만 4600명의 서명부가 검수에 들어갔다. 경남 유권자 10%인 26만 7416명 이상의 유효 서명이 확인되면 찬

반투표에 들어가고 투표 결과가 1/3을 넘기면 법적 효력을 얻는다. 사상 첫 주민소환이 될 이번 사건의 파장은 크다. 이 후보는 검수 결과를 봐가며 재검토키로 하였다.

— "나, 다니엘 블레이크"

칸 영화제에서 황금종려상을 수상한 켄 로치 감독의 영화 제목. 신자유주의로 복지가 무너진 영국에서 소외된 노동계급을 다루었다. 약자들에 대한 성찰이면서도 따뜻한 시각, "나 다니엘 블레이크는 사람이며 시민입니다"라는 발언에 주목하였다.

— 콘도르 작전

아르헨티나 연방법원이 레이날드 비뇨네 전 대통령에게 징역 20년 선고. 반체제인사 납치, 살해한 콘도르 작전에 대한 책임을 물은 것으로 40년만의 역사적 단죄라는 의미로서 인권범죄에는 시효가 없다는 상징이다.

이정현 녹음 파일

심영섭

수가 마을의 우물가

갈라진 땅덩어리에서 살아가는 생이별이 너무 길고, 가난과 착취의 고달픔이 너무 깊다. 살만한 세상이라 말하지만, 하루하루 살아가는 삶이 고단하다는 군상은 더 늘어나고 있다. 아직 예수가 다녀가지 않은 야곱의 우물에서는 아무리 물을 마셔도 해갈되지 않는 갈증의 시간만 지속된다. 풍성한 과일과 기름진 고기가 있던 이집트의 밥상을 그리워했던 광야에 선 이스라엘 민족처럼, 한반도 곳곳에서 외마디가 점점 더 커진다. 모세에게 내려진 명령은 '나의 백성이 내 앞에서 축제를 올리도록 광야로 내어 보내라'(출애굽기 5:1)는 것이었다. 자유를 얻기 위해서는 먼저 욕심을 버려야 하는 것이다. 1987년 거리로 뛰쳐나와 군부독재를 끝냈던 그 열정이 탐욕으로 바뀐 지 어언 30년이 지난 2016년. 우리는 다시 자유를 배워야만 한다. 효율성과 끝없는 이익만 추구하는 시장과 나의 이익을 위해 이웃을 짓밟은 경쟁사회, 썩더라도 더 많은 부와 권력을 쌓으려는 탐욕이 성공의 척도가 되었다. 한국 교회도 탐욕에서 자유롭지 못한 시간이다. 이제 우리는 우리의 탐욕으로부터 자유를 찾아 떠나야 할 시간이다.

예루살렘에서 갈릴래아로 길을 떠난 예수의 일행은 수가(나블루스)마을 외곽에 있는 야곱의 우물가에서 쉬고 있었다. 그곳에 여느 날과 똑같이 정오가 되자 수가에 사는 한 여인이 물을 길러 나왔다. 다섯 차례나 결혼을 했지만 실패하고, 이제 여섯 번째 남자와 동거하고 있는 이 여인의 삶은 고단했다. 그는 지친 육신과 아무런 희망도 없는 텅 빈 영혼을 안고 살아가고 있었다. 이 여인에게 삶은 고해였을 것이다. 그에게 유대에서 온 한 낯선 이방인이 물을 청했다. 유대왕국에서 갈라져 나온 북이스라엘의 수도 사마리아는 패망 후 이방인과 섞여 혼인하고, 종교마저도 이방신을 함께 섬겼다. 그래서 유대인에게 사마리아인은 만나지도 접촉하지도 말아야 할 천민이었다. 이 차별의 땅에서 예수는 가장 가난하고 착취 받는 삶을 살고 있고, 조롱과 멸시의 대상이던 한 여인을 선택했다. 이날 정오에 야곱의 우물가에 물을 길러 온 사마리아 여인은 많았을 것이다. 부유한 집안의 여인도 있었을 것이고, 권력자의 하인도 있었을 것이다. 또한 한 번도 남자의 손을 잡아보지 못했던 어린 여자아이도 있었을 것이고, 누군가와 약혼을 한 처녀도 있었을 것이다. 그러나 예수는 사마리아 여인 가운데도 가장 멸시받던 여인을 선택했다. 그리고 그에게 물 한 모금을 구했다.

그러나 동방정교회 전승에 따르면,* 수가마을에 사는 여인의 이름은 포티나였다고 한다. 포티나는 사마리아 사람을 벌레보다 하찮게 여기는 유대인 앞에서 주눅 들지 않았다. 수가마을의 여인은 당당히 예수에게 묻는다. 유대인인 당신이 왜 사마리아 사람인 나에게 물을 달라 하느냐? 어차피 육체라고 모든 육체가 다 같지는 않다. 사람의 육체도 있고 짐승의 육체도 있다(고린도전서 15:39). 어차피 짐승보다 못한 대접을 받는 사마리아의 하찮은 여인이라면 병들어 없어질 육체에 대한 미련도 없고 세상에 더 이상 부끄러울 것도 무서울 것도 없었을 것이다. 그래서 포티나는 당당하게 물었다. 세상에 찌든 육신보다 더 값없는 영혼에게 당신이 무엇을 바라는가라고. 예수는 대답한다. "이 물을 마시는 자마다 다시 목마르려니와 내가 주는 물을 마시는 자는 영원히 목마르지 아니할 것"(요한복음 4:13-14)이라고.

이날 예수를 만난 수가마을의 여인은 야곱의 우물에서 깨달음을 얻고 집으로 돌아가 자신의 다섯 자매와 두 아들에게 예수를 증거했다. 그리고 자기 가족을 데리고 이집트를 떠난 이스라엘 민족처럼 자유를 찾아 카르타고로 갔다. 카르타고에 도착한 수가마을의 여인과 그의 가족은 카르타고에 빛을 가져다주었다. 카르타고는 수

---

* Samkutty, V. J. (2006). The Samaritan Mission in Acts. Library of New Testament Studies 328; A&C Black, 2006, p.81. Online: https://books.google.com/books?id=g_VSm2aOm4UC&pg=PA81.

가마을의 여인과 그의 가족으로 자유케 되었다. 그는 여기에 만족하지 않고 다시 로마에 입성하여 로마를 변화시키다가 네로에 의해 죽임을 당한다.

만일 수가마을의 여인이 예수를 만나고도 수가에 머물렀다면 여섯 번째 남자를 잃고 또 다른 남자를 남편으로 들여야 했을 것이다. 아마도 자신의 아이와 이웃에게 예수를 만났었다는 무용담을 들려주며 그렇게 비참한 삶을 연장해 갔을 것이다. 하지만 세상에서 손가락질 받는 일에 지친 육신과 공허한 영혼이 자유를 얻지는 못했을 것이다. 그러나 카르타고에 도달한 수가마을의 여인은 로마의 압정에 시달리며 희망을 잃은 사람들에게 빛이 되었고, 로마의 포악한 권력에 맞섰다. 죽음을 두려워하지 않은 그는 로마제국을 변화시키는 반석이 되었다. 그날 정오에 야곱의 우물에 있었던 다른 여인들의 삶이 어떻게 변화했는지 알 수는 없다. 그러나 수가를 떠나 세상의 빛이 되어준 포티나 집에 머물지 않았기에 죄에서 자유로울 수 있었고, 진정한 자유를 얻게 되었다. 죄 짓는 사람은 다 죄의 종이다. 종은 집에 머물 수 없지만, 아들은 죄에서 자유롭기에 머무를 수 있다(요한복음 8:35). 수가마을의 여인이 예수를 만났을 때, 그는 죄에서 벗어나 자유를 얻었고, 자신이 얻은 자유를 나누어 주기 위해 길을 떠났다.

한국기독교교회협의회(NCCK) 언론위원회는 2016년7월「시선 2016」으로 〈이정현 녹음 파일〉을 선정했다. 수가마을에는 예수를 만나고 복음의 길을 떠난 사람이 있었다. 그러나 대부분은 수가

마을에 머물렀다. 예수를 만나고도 여전히 종살이하는 그들은 '나쁜 사마리아 사람'으로 남았다. 그들은 자유를 찾아 떠날 수 있었지만 종으로 머물렀다. 포티나와 그의 가족만이 수가마을을 떠나 압제와 고통의 땅인 카르타고에 도달하여 고통 받고 소외받는 이웃을 구제하였다. 그들이 죄에서 벗어나 자유를 얻도록 빛을 주었다. 자유를 아는 자는 희망을 찾아 길을 떠날 수 있기 때문이다. 또한 그들은 권력의 땅 로마로 떠났다. 모든 가치가 짓밟히고 어둠이 정의를 가려버린 땅. 진실을 감추기 위해 또 다른 거짓을 행하고도 부끄러움을 모르는 로마에 도달했다.

수가 마을에 머문 사람

'이정현 녹음 파일'은 우리 사회에서 자유로운 언론 보도가 여전히 사회적 현안임을 보여준 사건이다. 대한민국 헌법 제21조는 모든 국민은 언론·출판의 자유와 집회·결사의 자유를 가지며, 언론·출판에 대한 허가나 검열과 집회·결사에 대한 허가는 인정되지 아니한다고 밝히고 있다. 언론의 역할은 자유롭고 독립적인 진실보도이며, 전문가인 언론인은 스스로 '무엇이 중요한가?'를 판단하여 보도해야 한다. 방송법 제4조는 편성의 독립성과 자유를 보장하고 있다. 그러나 보도과정에 개입한 이정현 전 청와대 홍보수석(현 무소속, 전 새누리당 의원)은 스스로 "부도덕한 나의 불찰"이라고 밝혔지만 아무런 책임도 지지 않았다. 평소 독실한 기독교인임을 자랑스럽게 말하는 그가 거짓과 불의에 앞장서는 모습은 여전히 수가마을에 머물고 있는 수많은 사마리아 사람들의 모습과 같다. 그럼에도 여전히 일부 언론은 '홍보수석이 그런 일을 하는 자리'라고 불의를 제도인 것처럼 주장하고 있다.

'이정현 녹음 파일'은 87년 체제에서 극복되었어야 했던 '보도지침'이 여전히 지금도 실행되고 있는 현실임을 보여준다. 우리 사회는 1987년을 거치면서 권위주의적인 독재국가에서 보통선거를 통해서 정상 국가로 전환할 수 있는 새로운 헌법 질서를 쟁취하였다. 민주주의 질서 정착은 6월 항쟁이라는 시민혁명에 기초하지만, 1985년 〈말〉지를 통해서 폭로된 보도지침 사건이 중요한 단초였다. 당시 국가안전기획부와 문화공보부는 매일같이 언론사가 보도해야할 기사와 보도하지 말아야할 사건에 대해서 보도지침을 언론사에 직접 하달하였다. 이 보도지침에는 심지어 다음날 신문 1면의 머리기사와 텔레비전 방송의 저녁 종합뉴스 첫 번째 머리기사 첫 문장까지 상세히 제시하고 있다. 이른바 '땡전뉴스'가 등장하게 된 배경이었다. 그 당시 모든 TV와 라디오 방송은 보도지침의 지시에 따라 시간을 알리는 시보소리가 끝나자마자 '전두환 대통령은…'이라는 첫 문장으로 모든 뉴스를 시작했었다. 당시 중앙 일간신문의 보도지침 이행율은 77.8%였으며, 정부기관지인 서울신문의 보도지침 이행율은 92.9%에 달했다. 한 용기 있는 언론인에 의해 보도지침 사건이 폭로된 후 보도 통제를 "정부의 당연한 일상 업무"라고

뉴스타파의 보도갈무리

말하는 비상식적이고 위헌적인 발상은 사라졌고, 상식과 원칙이 그 자리를 대신할 수 있었다.

 그러나 보도지침이 사라진지 27년만인 2014년4월 여전히 '신보도지침'은 공영방송을 통해서 부활해 있음이 〈이정현 녹음 파일〉을 통해 외부에 알려졌다. 김시곤 전 KBS보도국장이 지난 2016년 6월 30일 밝혔듯 이정현 전 홍보수석이 '세월호'와 관련하여 보도하지 말 것을 요구한데 이어, 지속적으로 KBS의 세월호 후속 보도에 개입한 정황이 알려졌다. 이정현 전 수석은 청와대 홍보수석 시절이던 지난 2014년 4월 21일과 4월 30일 두 차례 김시곤 전 국장에게 해경 등 정부 비판을 자제해달라는 전화를 했었다. 특히 4월 21일 통화 내용에서 이 전 수석이 김 전 국장에게 언성을 높이면서 화를 내는 등 고압적인 태도로 "구조 작업이 한창인데 비판하더라도 나중에 비판해달라"는 내용이었다. 또한 4월 30일에도 이 의원은 김 전 국장에게 "대통령이 뉴스를 유심히 봤다"라며 비판하는 내용을 빼달라고 요구했다. 좀 빼줬으면 하는 취지로 요청하는 내용의 전화 통화를 한 내용이 녹음돼 있다고 이 언론계 인사는 전했다. 그러나 김 전 국장은 이 같은 요구를 수용하지 않았다고 이 인사는 밝혔다.

그러나 이러한 개입은 세월호 관련 보도에만 국한되지 않고, 최근 발생한 '사드 포대 성주배치'와 관련하여 KBS사장이 보도국에 직접 보도와 관련한 지침을 내렸음도 밝혀졌다. 보도 개입은 우리 사회가 여전히 87년 체제에 머물고 있음을 시사한다. 6월항쟁을 통해서 형식적인 민주주의는 가져왔지만, 지역주의에 기반한 정당정치와 '경제 살리기'라는 시장만능주의, 주체할 수 없이 많이 쌓인 부를 절제하지 못하고 부유층과 가난을 대물림해야 하는 빈곤층의 양극화, 운동권논리가 정치를 지배하면서 진영논리와 이념 갈등, 선출된 권력의 권력 남용, 독재적 발상을 과정으로 추인하는 무기력한 제도가 '신보도지침'의 등장을 가능케 하고 있다.

누구든 '신보도지침'에 저항하는 작은 몸부림이라도 시도하면 불이익을 받는 현실을 개탄할 수밖에 없다. KBS경영진은 청와대의 보도 개입 사태를 보도하지 않는 행태를 비판했다는 이유로 기자를 제주도로 유배시켰고, '사드 배치'에 대한 우려의 목소리를 논평을 통해 전했던 30년차 뉴스 해설위원은 한직인 방송문화연구소로 조치되었다. 또한 데이터저널리즘 전문가는 야당의원에 대한 보도행태를 비판했다가 보도국에서 라디오 제작국으로 쫓겨났다. 이러한 반인권적인 보복 인사에 대해서 "겉으로는 후배라고 부르는 이들을 이토록 무참히 난도질하고도 선배 대접을 받을 수 있으리라 생각하느냐"며 "이 미친 칼바람을 당장 걷어치워라"고 성명을 낸 기자들의 성명서는 내부 전자 게시판에서 삭제되었다. 공영방송 경영진은 자신들의 지위를 유지하기 위해서 권력의 불의한 개입을 허용하고 그것에 순응하고 있다.

우리가 누리는 '언론의 자유'는 1987년 6월 항쟁이 있기까지 수많은 시민의 희생과 노력으로 쟁취한 결과물이었다. 이러한 자유를 실천하려는 언론인들의 노력이 더 이상 짓밟히지 않게 하기 위해서라도 87년 체제의 형식적 민주주의는 이제 실질적인 민주주의 체제로 정착되어야 한다. '이정현 녹음 파일'은 우리 사회의 소통과 미래를 암울하게 만드는 민주주의의 족쇄다. 이러한 '비정상'을 정상으로 받아들이면, 언젠가는 밀양과 강정에서 그리고 진도와 성주에서 발생한 사건이 대한민국에서 살아가야하는 모든 이들에게 언제든 찾아올 수 있다. '나팔만 남은 오케스트라'를 공영방송이라고 부를 순 없다. 진실을 자유롭게 말할 수 있는 일은 다시 시민의 몫일 수밖에 없다.

새로운 동행

비록 종살이지만 풍성한 과일과 기름진 고기가 밥상에 올라오는 이집트는 평온해 보였다. 그러나 그곳의 삶은 겉으로는 평온하지만 자유가 없는 평생 나그네 길이었다. 모세를 통해 '세계가 다 내게 속했으니'(출애굽기 19:5)라고 과감한 결단을 요구한 하나님의 목소리를 따라 가는 길은 결코 평온한 길이 아니었다. "네가 물 가운데로 지날 때에 내가 너와 함께 할 것이라 강을 건널 때에 물이 너를 침몰하지 못할 것이며 네가 불 가운데로 지날 때에 타지도 아니할 것이요 불꽃이 너를 사르지도 못하리라"(이사야 43:2)라는 약속은 있지만, 그 약속은 동시에 "가옥에 가옥을 이으며 전토에 전토를 더하여 빈틈이 없도록 하고 이 땅 가운데에서 홀로 거주하려 하는 자"(이사야 5:8)는 비참하게 될 것이라고 경고한다. 이미 충분히 가진 자들이 다시 집을 더 차지하려 하고 혼자서 차지하려는 사람은 하나님이 사람의 발길을 끊어서 흉가를 만들겠노라고 경고한다. 그래서 새롭게 떠나는 길은 동행이어야 한다. 길을 가다가 만나는 사람은 남자나 여자나 동족이나 이방인이나, 함께 하고자 하는 사람은 모두 "결박하여 예루살렘으로 잡아오라"(사도행전 8:2)고 명령하고 있다. 누구든 정의를 알고 자유를 갈망하는 사람은 함께 걸어가야 함을 의미한다. 그러나 우리의 교회는 새로운 동행에 익숙하지 못하다. 전리품을 혼자 차지하기 위해 몰래 자신의 장막 밑에 숨겨두었던 아간으로 인해 여호수아는 아이성에서 참패를 당한다. 여리고성을 무너뜨린 여호수아의 군대는 가난한 자, 병든 자, 앞을 못 보거나 귀가 잘 들리지 않는 장애인, 이방인의 피가 섞인 자도 함께였을 것이다. 그들이 함께 정의를 부르짖고 자유를 갈망하는 동행을 했을 때 여리고성은 무너졌다. 그럼에도 한국교회는 아간이 내놓은 금수저를 갈망하고, 그러한 금덩이를 모아 둘 곳간을 마련하기 위해 화려한 성전을 건축하기에 여념이 없다. 야간의 부정을 감추기 위해 불의한 자들의 권력을 보호하고, 가난한 이들의 갈증에 등 돌린다.

한국기독교교회협의회(NCCK) 언론위원회는 7월의 「(주목하는) 시선 2016」을 통해 자유를 찾아 카르타고와 로마로 길을 떠나지 못하고 수가마을에 머문 나쁜 사마리아의 한 종의 이야기를 다루었다. 예수를 만났다고 하지만 언제나 그의 발자취를 따라 떠나지 못하는 대다수의 사마리아 사람처럼, 1987년 6월 항쟁을 통해 극복되었어야 할 87체제를 지금도 유지하고 있는 불의한 정치세력과 그에 동조한 공영방송의 모습이 한국 사회의 현주소를 대변하고 있다. 공영방송의 언론인들에게는 새로운 형태의 보도지침에 굴복하여 영원한 종살이에 만족할 것인지, 아니면 새로운 자유의 길을 가기 위해서 현실을 박차고 일어설 것인지 선택해야할 시점에 놓여있다.

【2016년 7월에 논의했던 다른 후보들】

— 민변 24시간 릴레이 단식 "법대로 하자"

민변이 특조위가 구성을 마친 2015년 8월 4일부터 법에 규정한 1년 6개월 기한인 2017년 2월 3일까지 활동을 요구하며 지난 7월 4일부터 68주년 제헌절인 17일까지 릴레이 단식을 이어갔다. '세월호 참사 특별조사위원회의 조기해산 반대'와 '제대로 된 진상규명과 안전사회 건설을 위한 활동기간 보장'을 요구하는 시위였다. 특조위는 해산되었고 이제 이 땅에서는 어떤 진실도 밝힐 수 없으며, 어느 누구도 상처받은 국민들의 고통을 껴안지 못하는 정글사회임을 다시 확인하였다.

― 6030 티켓

새 소년, 허밍렌치, 플러그드 클래식 등 세 인디밴드가 지난 16일 〈6030원 티켓〉으로 2시간 공연했다. 2017년 최저임금 협상이 결렬되고 막바지 진통을 보며 기획된 공연이었다. 민노총이 "만원의 행복" 공모전을 통해 최저임금이 최소한의 인간적 생활에 필요함을 캠페인하고, 샌더스 영향으로 힐러리가 1시간 15달러 선거강령을 채택하였으며, 국내·외에서 기본소득제 논의마저 일어나던 때였다. 공연이 있던 그날 새벽, 근로자 위원이 불참한 가운데 최저임금위원회는 2017년 최저 임금을 440원 오른 6470원으로 결정하였다. 이에 따라 한 달 임금은 135만 2230원으로 올랐지만 비혼단신노동자의 최저생계비 167만원에는 턱없이 부족하다. 지난 총선 때 각 정당이 시급 1만원 인상으로 노동자 생활을 안정하여 경제 활성화와 사회 안정을 도모하자던 주장들이 한낱 정치적 구호뿐이었음이 여실히 드러났고, 노동자들의 팍팍한 삶은 오늘도 계속된다.

— 신사동 곱창집, 우장창창

지난 18일 신사동 가로수길 곱창집 〈우장창창〉이 마침내 강제철거 되었다. 외부의 부동산 자본이 예술가와 상인의 상권을 빼앗아 동네 상권과 문화를 몰락시키는 젠트리피케이션의 상징이었던 〈우장창창〉이었다. 〈우장창창〉은 3억 원이 넘는 임대 금액 때문에 세인의 동정을 모으지 못한 채 끝내 철거되었지만, 젠트리피케이션은 기존에 알려진 것처럼 상권이 형성된 후 부동산 자본이 유입된다는 상식을 벗어나 정부의 부동산 규제와 초저금리로 상가 사냥꾼들이 대규모로 움직이고 있음이 드러나고 있다. 지난해 4월 기준 금액을 4억으로 올리고 기한을 5년으로 연장하였지만 상가 임대차보호법은 여전히 비현실적인 규정으로 상업의 사각지대에 놓여있다. 특별한 이유가 없으면 갱신 거절을 못하는 일본, 최소 9년을 보장하며 의사 표시가 없으면 사실상 기한이 없는 프랑스 등의 사례를 거울삼아 세입자를 보호할 실질적이고 구체적인 대안과 함께 근본적인 부동산 대책이 절실하다.

— 권리장전 2016, 검열 각하

기성 언론이 외면한 국정원 간첩조작사건을 다룬 〈자백〉이 소셜 펀딩으로 개봉을 준비하고 있는 가운데, 젊은 연극인들이 후원모금을 통한 검열과의 싸움에 나섰다. 연극계는 그동안 검열에 맞섰다는 이유로 지원과 공연 방해가 잇따르자 지원제도로부터 자유를 얻기 위해 매주 1편씩 21편의 연극 공연에 필요한 최소한의 제작비와 운영비인 4,300만 원의 후원 모금에 나섰다. 결과는 433명이 참여, 4,798만 원이 모여 목표액을 111% 초과 달성하였고, 연극인들은 지난 6월부터 매주 한 편씩 연극을 올리며 검열의 문제를 드러내며 표현의 자유를 향한 페스티벌을 시작하였다. 이름은 '권리장전 2016, 검열 각하.' 그동안 〈검열의 정치학〉, 〈그러므로 포르노〉, 〈안티고네 2016〉, 〈해야 된다〉, 〈자유가 우리를 의심케 하리라〉, 〈불신의 힘〉, 〈15분〉이 공연되었다. 10월 말까지 대학로 연우 극장에서 계속되는 '권리장전 2016, 검열 각하'는 이 땅의 오늘 우리의 자화상이다.

'하나도 거룩하지 않은 파산 변호사'
그리고

장해랑

"우리는 하느님의 작품입니다"

(에페 2:10).

#1

지난 6월 1일 저녁 7시, 서울 홍대역 부근 가톨릭청년회관 입구
에 행사를 알리는 안내판이 세워져 있었다. 제목은 길었다.

인권운동가 고상만 반장과
재심 천사 박준영 변호사가 함께하는 북콘서트
'우리 사회, 억울한 이들과 함께하는 밤'

5층 행사장은 엘리베이터와 바로 연결돼 있었다. 어림잡아 300석이 돼 보이는 강당은 이미 많은 사람들로 채워져 있었다. 박준영 변호사는 지난해 연말 출판한 『우리들의 변호사』 판매대 앞에서 참석자들과 반갑게 인사를 나누고 있었다. 3일 전 모바일로 행사 포스터를 봤을 때는 이날 행사가 지난해 성공리에 끝난

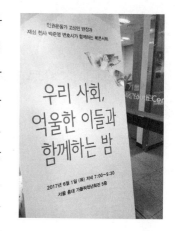

스토리펀딩 후원자들을 위한 북콘서트라 생각했다. 콘서트를 지켜보면서 이날 행사는 군의문사를 다룬 연극 〈이등병의 엄마〉 공연을 후원한 2,800여 명 후원자 중 서울, 경기 지역 거주자들을 위한 감사의 자리임을 알았다. 스스로 수사반장임을 칭하는 고상만 반장은 오랫동안 군의문사 유족들의 아픔을 대변해 온 사람이다. 그러고 보니 두 사람의 조합은 절묘하다. 인권운동가와 변호사의 만남은 서로의 부족함을 보완해 운동의 시너지를 몇 배로 강화할 수 있기 때문이다.

NCCK 언론위원회가 〈이달의 시선〉으로 '스토리펀딩, 하나도 거룩하지 않은 파산 변호사'를 선정했던 건 지난해 8월이었다. '하나도 거룩하지 않은 파산 변호사 박준영 변호사'란 이름의 스토리펀딩이 사람들의 열광적인 호응을 얻으며 '재심전문' 변호사 박준

영은 인구에 회자되기 시작했고, 사법정의에 대한 사회적 관심이 폭발적으로 증대했기 때문이었다. 현실은 더 이상 정의의 여신 '디케'가 선언한 세상이 아니었고, 세상에 맞서 약자들을 위해 홀로 고군분투하는 그의 열정에 사람들은 감동했다. 그가 다루어 온 '재심'이 주목받고, 법의 사각지대에서 고통 받는 돈 없고 빽 없는 사회적 약자를 위해 뛰어 다니다 사무실마저 문 닫게 됐다는 사연에 사람들은 발 벗고 후원에 나섰다. 그의 스토리펀딩 사이트엔 '성공한 펀드'란 라벨이 붙어 있다. '568% 목표 달성, 18,043건의 후원 참여, 567,978,000원의 후원 완료'란 친절한 데이터도 있다. 애초 1억 원을 목표로 했던 펀딩은 시작 3일 만에 목표액을 넘어서고 스토리펀딩 사상 최대 후원자수, 후원액을 기록했다.

무엇이었을까, 후원자들을 열광시킨 것이. 스토리펀딩에 달린 댓글에서 후원자들의 마음을 읽을 수 있다.

"존경합니다, 지지합니다, 고맙습니다."

"힘들게 번 돈 의미 있게 쓸 수 있게 해 주셔서 감사합니다."

"1%라도 희망을 보여 주셔서 감사합니다. 불신의 시대에 산다고 포기하기엔 1이라고 하는 숫자가 있어 다행이라 생각했습니다. 감사합니다."

"처음 해 봤습니다. 역시 큰일도 사소함에서 비롯되는 진실은 틀림없군요."

"정의가 죽은 이 나라에 앞으로도 정의를 위해 싸워 주세요."

스토리펀딩 화면 캡처. 화면 아래에 펀딩 결과가 표기돼 있다.

"힘드시면 언제든 다시 요청하세요. 가끔 적은 액수 기부밖에 못
하지만 계속 도움이 되고 싶습니다."

#2

　행사는 노찾사 출신인 〈노래하는 나들〉 팀의 공연으로 시작됐
다. 행사장은 이제 거의 자리가 채워지고 있었다. 청중은 나이 든
노인부터 젊은이들까지 다양한 연령층이었다. 1부 공연이 끝나고
진행을 맡은 고상만 반장이 박준영 변호사가 이제 자기보다 더 유
명해져 부럽다는 조크로 2부를 시작했다. 그의 말대로 박준영 변호
사는 어느 날 유명인이 되었다. 지난해에 JTBC 〈말하는 대로〉 출
연을 시작으로, 올 들어서는 KBS 〈아침마당〉, MBN 〈황금마당〉,
JTBC 〈차이나는 클라스 - 질문 있습니다〉에 출연해 대중성을 얻

었다. 그는 방송에서 사회적 약자들이 법의 보호를 받지 못하는 우리 현실을 '법과 정의'의 이름으로 질타했다. 시청자는 때로는 분노로, 때로는 눈물로 공감했다.

우리 사회에는 청산되지 않은 세 가지 권력이 있다. 정치권력, 언론권력, 법 권력이다. 이중에서도 법 권력의 적폐청산이 중요한 이유는 법이 사람들에게 직접적인 영향을 끼치기 때문이다. 암울했던 독재 시절 수많은 사람들이 조작된 범죄로 생명을 잃고 실형을 살았지만, 기소한 검찰이나 판결을 내린 사법부가 스스로 판결을 바로 잡거나 잘못을 반성하는 걸 보지 못했다. 인혁당 사건을 비롯해 군사독재 시절 열거할 수 없을 만큼 숱한 정치 사회적 사건들의 희생자들이 그 증거다. 어디 그게 지난 과거만의 일일 뿐인가. 지금도 국가 정보기관이 멀쩡한 사람을 간첩으로 조작하는 세상이다. 사법정의가 무너진 세상을 풍자하고 비꼬는 영화와 드라마가 줄을 잇고, 그것들은 대중의 마음을 사로잡고 있다. 〈정의란 무엇인가〉로 시작된, 무너진 사회정의를 요구하는 목소리는 〈추적자〉, 〈나쁜 녀석들〉, 〈내부자들〉, 〈베테랑〉, 〈시그널〉로 이어졌다. 국가가 바로잡지 못하는 범죄를 개인이 응징하고, 나쁜 녀석들이 더 나쁜 녀석들을 처벌한다. 일개 형사가 대기업과 거물 정치인에 맞서 싸우는 비현실적인 설정에도 사람들은 열광했다. 시청자는 20년 떨어진 시공간을 무전기로 연결하며, '20년이 지났잖아요, 그럼 세상이 뭔가 바뀌어 있을 것 아니에요?'라고 절규하는 형사를 보며 함께 울었다. 법은 권력과 금력을 가진 자의 전유물이었고, 시간은 흘러도

'유전무죄, 무전유죄'는 여전히 유효했다.

작은 섬 노화도에서 태어났다. 부모님을 도와 연탄을 팔고 오징어를 팔고, 장례식에 쓰이는 종이꽃을 접으면서 자랐다. 중학교때 엄마가 돌아가신 뒤 광주로 유학을 갔고, 가출과 방황을 일삼는 문제 청소년으로 살았다. "근면 성실하나 준법성이 요구"된다는 평가를 받으며 고등학교를 졸업했고, 그나마 들어간 대학은 1학년 때 그만뒀다. 군대에서 만난 배 병장을 따라 사법시험 공부를 시작해 2002년에 합격했다. 수원에서 변호사 생활을 시작했고, 국선 변호에 열중하던 중, 2008년 운명의 사건 '수원 노숙소녀 살인 사건'을 만났다. 이는 국가 기관의 도움 없이 형사재판재심에서 무죄를 이끌어낸 최초 살인 사건 사례가 된다. 이어 탈북자 간첩 사건을 변호하게 되면서 재심과 공익 사건만 맡겠다는 결심을 하게 된다. 덕분에 개인 재정은 파산 지경에 이르렀지만, 재심 청구에서는 단연 빛을 발한다. 2015년에는 아버지를 살해한 혐의로 복역 중인 김신혜의 재심 개시 결정이 났는데, 이는 수감 중인 무기수의 재심으로는 최초의 사례였다. 2016년에는 삼례 나라슈퍼 3인조 강도 치사 사건, 익산 약촌 오거리 택시기사 살인 사건의 재심에서 연달아 무죄 판결을 이끌어냈다. 대한민국 최고의 재심 전문 변호사로서 앞으로도 사회적 약자들의억울함을 풀어 주는, '우리들의 변호사'로 살아갈 생각이다.

그가 지난 해 12월 펴낸 〈우리들의 변호사〉에 실린 저자 소개 내용이다. 책은 1월에 재판을 찍었다. 긴 전문을 그대로 전재한 건 자신이 소개한 글에서 그의 이력과 마음을 동시에 읽을 수 있기 때문이다. 그는 '우리들의 변호사'를 꿈꾼다. 어디서도 자신을 대변할 힘도, 돈도 없는 사람들 옆에 그는 서 있다. 그의 스토리펀딩은 그를 이렇게 소개한다. '그의 의뢰인은 몇 가지 특징이 있다. 가난하고, 못 배웠으며, 지적장애가 있거나 자기표현을 잘 못하는, 게다가 살인누명까지 쓴 사람들이다. 이들이 자기 발로 박 변호사를 찾아오지 않았다. 변호사에게 사건을 맡길 돈도 없다. 억울한 사연을 들은 박 변호사가 그들을 찾아갔다.' 그는 가난하고 못 배운 사람들이 억울하게 누명쓴 사건에 주목했다. 이른바 '재심'이었다. 그동안 법조계는 아무도 재심을 눈여겨보지 않았다. 새로운 결정적 사실이 없는 한 재심이 받아들여지지도 않았고, 재심을 승소하기란 거의 불가능했기 때문이었다. 박준영 변호사는 달랐다. 그는 재심을 자신의 전문으로 삼았다. 그것도 어떤 경제적 보상도 받을 수 없는 돈 없는 사람들의 재심을.

#3

2부는 '재심천사 박준영 변호사가 말하는 정의, 억울한 사람들'이라는 짧은 강연으로 시작됐다. 그를 소개하는 '재심천사'라는 단어가 눈에 들어왔다. 그렇구나, 사람들은 그를 천사라 부르며 존재하지 않는 법의 천사가 재림하기를 바라는구나, 그게 이 땅의 현실이구나. 그는 최근에는 소위 '낙동강변 2인조 살인 사건'으로 불리는 부산 엄궁동 사건 재심에 매달려 있다고 근황을 전했다. 고문으로 살인사건의 당사자로 조작돼 무기수를 받았다가 감형 받아 21년 만에 출소한 사건이다. 당시 이 사건의 2, 3심 변호인을 맡았던 문재인 대통령이 대선 후보시절 〈재심〉 영화 상영회에 참석해 피고인의 무죄를 풀어내지 못해 평생의 한으로 남았다고 고백한 바로 그 사건이다. 박준영 변호사는 어제 엄청 술을 마셨다고 털어 놓았다. 최종심에서 무죄를 받은 아이들의 국가보상금청구 소송이 대법원에서 기각당해 속상해 마셨다고 했다. 형사보상금은 받게 했지만 아이들에게 큰 도움이 될 국가보상금을 못 받았기 때문이었다. 그는 얼마나 억울한 사람들이 많은지 세상이 알기를 희망했다. 억울한 이들의 고통에 공감할 수 있어야 하고, 연대와 배려로 이들을 도와야 한다고 강조했다. 개인만으로 한계가 있다며, 그들을 도울 풍부한 인적 자원의 필요성을 역설했다. 지금 가는 길은 자신의 운명이라 설명했다.

스토리펀딩이 진행될 때 그는 한 언론과의 인터뷰에서 자신의 꿈을 피력한 바 있다. 돈이 좀 모이면 체계적으로 사람들도 모으고, 약자들의 목소리를 들을 시스템을 구축해 제대로 지원하고 싶다고. NCCK의 〈이 달의 시선〉 1년을 마무리하면서, 펀딩이 마무리된 지반 년이 지난 시점에서 그를 한번 만나보고 싶었다. 그가 생각하고

행사는 법의 사각지대에 놓인 사례를 동영상으로 소개하고 당사자의 얘기를 직접 듣는 순서로 진행되었다.

실천하는 법과 정의, 현실의 문제는 이미 방송을 통해 많은 사람들이 알고 있다고 생각했다. 그가 어떤 사람인지, 그가 어떻게 재심전문 변호사가 되고, 또 스토리펀딩을 통해 인구에 회자되기 시작했는지는 지금까지의 방송이나 영화, 인터뷰로 충분했다. 확인하고 싶었던 것은 그의 마음과 달라진 환경이었다. 스토리펀딩 사상 최고 성공작으로 꼽히는 펀딩이 마무리된 뒤, 그는 세상과 사람을 어떻게 바라볼까, 환경과 조건이 좋아지고 마음가짐도 새로워졌을까. 그가 희망했던 사람들과 시스템이 결합되었을까, 그래서 제대로 된 법률구조 사업을 하고 싶다는 그의 꿈과 운명은 현실화되었을까. 그의 사무실을 찾아 가보기로 했다. 기사에서 읽은, 그의 사무실 벽에 붙어 있는 의뢰인들의 간절한 메모나 편지도 눈으로 확인하고 싶었다. 기사나 방송을 통한 간접 인식이 아니라 직접현장의 리얼리티를 체험하고 싶었다. 인터넷을 뒤졌다. 인터넷에서도 그는 스타였다. 방송과 영화내용, 강연 내용을 소개하는 글들이 가득했다. 그의 힘을 빌리고 싶어 하는 사람들은 인터넷에서 서로 정보를 주고받고 있었다. 그의 사무실은 수원에 있었다. 인터넷에는 그의 사무실 약도와 전화번호까지 나와 있었다. 전화를 했다. 첫 전화는 받지 않았다. 두 번째 전화는 다른 곳이었다. 지금까지 숱한 문의전화를 받았을 여자는 참을성 있게 그가 수원 사무실을 접고 서울로 옮겨 갔다고 설명해 주었다. 대한 변호사회, 서울지방변호사회, 114 여러 곳을 수소문했지만 그의 연락선은 좀처럼 잡히지 않았다. 방송사에 연락할까 고민하던 다음 날, 휴대전화에 그가 북콘서트를 한다는 포스터가 떴다.

박준영 변호사에 이어 '인권운동가 고상만 반장이 만나온 억울한 사람들' 순서가 이어졌다. 그는 강연대신 영상물을 상영했다. 군의문사 가족들의 고통과 사연, 가족들이 국회에서 자유 발언하는 행사를 기록한 영상이었다. '검시관 제도만 제대로 되었다면' '우리가 무엇을 잘못했습니까, 우리는 죄인이 아닙니다.' '부탁합니다.' 영상은 군의문사로 아들을 잃은 부모들의 절절한 아픔과 한을 전하고 있었다. 객석의 사람들은 연신 손수건을 적셨다. 그 때 알았다. 행사장을 가득 채운 사람들이 그냥 청중이 아니라 국가나 법의 보호를 받지 못한, 아니 국가기관으로부터 피해를 입은 당사자들이란 것을. 국가가 책임을 외면했을 때 그들은 함께 모여 서로의 아픔을 다독이고 있었다. 영상은 '함께 울어 주실 것을 청합니다'란 자막으로 끝났다.

#4

영화는 실화를 극화하였다는 자막으로 시작한다. 자막이 빠지면 조현우(강하늘 분)가 오토바이를 타고 가는 장면이 이어진다. 약촌 오거리에 이르러 담뱃불을 붙이려다가 갑자기 뛰어든 사람에 의해 오토바이는 나둥그러지고, 화면은 살인사건 후 현장조사로 넘어간다. 경찰과 대화하던 현우에게 다가온 형사들이 그의 오토바이에서 칼을 꺼내고, 다시 장면은 15년 구형을 내리는 재판정과 울부짖는 현우 엄마(김해숙 분)로 전환된다. 이어 '확정 판결에 중대한 하자가 있을 경우에…'라는 재심 설명과 타이틀이 뜬다. 영화 〈재심〉은 박준영 변호사가 재심으로 무죄를 이끌어낸 약촌 오거리 사건을 다루어 관객 240만 명을 동원했다. 영화에서 이준영 변호사(정우 분)는 유망한 로펌에 취업하기 위한 수단으로 현우 사건을 맡는다. 14년 옥살이도 억울한데, 4천만 원에 이자가 붙어 1억 7천만 원의 피해 보상금까지 물어내야 하는 현우의 사정을 안타까워하며, 돈 중심의 변호사 직업에 회의하면서, 그는 본격적으로 사건에 몰입한다. 영화는 초등수사에서 형사들이 현우에게 무차별 폭력을 가하며 범인으로 몰아가고, 사건 3년 뒤 진범이 나타나지만 세상에 알려질까 두려워한 형사와 검사가 다시 진실을 은닉하고 조작하는 과정을 디테일하게 보여준다.

이영준과 현우는 사건 현장 재현과 조사로 경찰과 검찰이 저지른 조작증거들을 찾아냈지만, 진범을 찾지 못하면 재심은 불가능한

아픈 현실도 드러낸다. '가진 놈들이 지 이익 챙기려 만든 게 법이여'라는 현우의 말, '정확한 증거가 없으면, 법은 없다' '세상의 상식과 법의 상식과 다르다'며 이준영 변호사가 진행하려는 재심을 막는 동료 변호사의 대사는 영화가 아니라 현실로 다가왔다. 극복할 수 없는 현실에 좌절한 현우는 형사들을 스스로 처단하기 위해 나선다. 그가 자신을 범죄자로 몰아간 형사를 격투 끝에 살해하려는 순간, 이준영 변호사가 현장에 나타난다. 이 변호사는 현우를 '법으로 해결하자'고 설득한다. 현우가 절규한다. '법, 법, 법? 법으로 뭘 할 수 있는데? 저 놈들 잡아넣을 수 있어? 너도 저 새끼들과 똑 같은 새끼야.' 이준영 변호사가 간곡하게 설득한다. '세상 사람들에게 말할게, 아니라고… 니가… 우리가 만들었다고… 우리가 사과해야 한다고…'

영화 〈재심〉 포스터

영화는 재심이 받아들여지고 이준영 변호사의 변론이 시작되는 열린 장면으로 마무리된다. '저는 조현우를 변호하는 게 아닙니다. 15년 전 사법부가 저지른 잘못을 사과할 기회를 주고자 합니다. 소년과 그 가족에게 새로운 인생을 주는 기회가 되길 바랍니다.' 영화의 마지막은 처음처럼 자막으로 끝난다. '2016. 11. 17. 무죄 판결이 내려졌다. 소년은 두 아이의 아버지가 되었다.' 무죄판결이라는 단어보다 그가 두 아이의 아버지가 되었다는 사실이 가슴을 쳤다. 누군가 안아주면 되는 것을, 안아 줄 수 있다면 세상의 트라우마를 함께 나눌 수 있겠구나, 그리고 새로운 삶이 가능하겠구나. 불현듯 박준영 변호사가 진행한 재심 청구에서 무죄로 최종판결이 난 뒤, 법원 건물 앞에 선 당사자들이 기자들 앞에서 아무 말도 못하고 서 있던 장면이 떠올랐다. 그들은 그만큼 힘도 없고 자신을 변호할 목소리도 없었다. 그들의 한과 아픔을 감히 누가, 어떤 표현으로 설명하고, 또 이해 할 수 있을까.

#5

3부는 두 사람이 선정한 6명의 억울한 사연을 가진 사람들을 만나는 시간이었다. 진행은 영상으로 먼저 사연을 소개하고, 짧게 당사자들의 이야기를 듣는 형식으로 이루어졌다. 살해범으로 몰려 무기징역을 받아 15년 형을 살았던 영화 〈7번방의 선물〉 실제 주인공 정원섭 목사, 경찰의 조작된 헐리웃 액션으로 진상을 밝히느라 일상의 행복을 빼앗긴 박철·최옥자 부부, 가해자를 대변한 수사기관이 치정 내연관계로 몰아 스스로 증거와 진실을 증명해내야 했던 송유관 공사 여직원 살해사건 피해 어머니 유미자, 북한 보위사령부 직파 조작간첩 피해자 홍강철, 재심 청구한 부산 엄궁동 살인사건 피해자, 그리고 군 복무 중 아들을 잃은 의문사 피해 가족들이 순서대로 나와 자신들의 사연을 전했다. 이들은 자신의 경험을 토대로 검찰개혁의 일환으로 추진되고 있는 경찰의 기소권 부여가 또 하나의 깡패집단을 탄생시킬까 두려워하고 있었다. 자신들을 범인으로 만들고 가정파괴한 뒤 자기들은 승진한 고문 경찰관들을 고발하며, 자살하려 했지만 내가 살아야 진실을 밝힐 수 있기에 버텼다고 증언했다. 간첩으로 몰렸던 홍 씨는 간첩사건의 공통점으로 죽거나 조작해도 문제제기할 사람이 없는 사람, 협박과 회유가 통하는 사람, 헛똑똑인 사람, 담배 술 좋아하는 사람이 대상이 됐다며, 간첩은 강연이나 증언으로 살아갈 수 있는 괜찮은 직업으로 회유받았다는 사연을 털어 놓기도 했다. 군 의문사를 다룬 연극 〈이등병의 엄마〉를 소개할 때는 희생자 가족과 함께 연극 출연자들이 나와 인사를 했다. 영상은 연극을 가능하게 했던 2,800여명의 후원자 명단을 하나하나 스크롤 자막으로 재현해냈다. 그들이 없었다면 군의문사를 다룬 연극은 불가능했다. 박준영 변호사의 스토리펀딩에 후원자가 있듯, 연극 〈이등병의 엄마〉도 후원자가 있었기에 가능했다. 삭막한 세상의 한 편에는 인간을 부둥켜안는 또 다른 사람과 희망이 있다고 영상 속의 이름들은 힘주어 증명하고 있었다.

행사는 연극 〈이등병의 편지〉를 후원한 2,800명의 이름을 스크롤로 올리며 끝났다. 이름들은 연대와 희망을 힘주어 증명하고 있었다.

#6

문학 평론가 신형철은 '공무도하가'를 통해 힘든 세상살이를 해석한다. 미쳐서 강물에 몸을 던져 자살한 백수광부는 현실을 더는 견딜 수 없는 막바지에 다다른 인간이다. 남편의 숱한 자살시도를 막았던 아내는 마침내 남편을 잃고 슬픔을 이겨내지 못해 '그대 강을 건너지 마오, 그대 끝내 강을 건넜구려, 물에 빠져 돌아가셨으니, 그대여 어찌하리오'라고 노래한 뒤, 남편을 따라 강에 몸을 던진다. 뱃사공 곽리자고는 자신이 본 부부의 슬픈 장면을 아내 여옥에게 전하고, 여옥은 무력감과 허무함으로 여인의 마지막 노래를 되살려낸다, 인생은 우리 뜻대로 안 된다고. 신형철은 '공무도하가'를 인생의 가장 오래된 고통이라 전한다. 그리고 고백한다, 인간은 이상하고 인생은 더 이상하다. 나는 백수광부다, 나는 그의 아내다, 나는 곽리자고다, 나는 여옥이다, 나는 인생이다, 라고. 그의 말대로 누군가는 시스템이 붕괴된, 가치가 사라진 세상을 일깨우는, 울부짖는 광대가 필요하다. 백수광부처럼, 그의 아내처럼, 곽리자고처럼, 여옥처럼. 성경 에페서는 '우리는 하느님의 작품입니다'(에페 2:10)라고 말한다. 하지만 어디 현실은 그런가. 하느님의 작품인 인간들이 인간으로 대접받고, 잘 살아 갈 수 있는 세상인가.

펀딩 이후 그의 마음과 현재 진행되는 일들을 직접 물어보고 싶다는 마음을 접었다. 오늘 이곳에서 억울한 사람과 함께 했듯, 그는 어제도 그랬고 내일도 법의 보호를 받지 못하는 사람들과 아픔을 함께 할 것이다. 그는 하나도 거룩하지 않다. 그는 그냥 세상에 필요한 소금일 뿐이다. 운명이라며 시작한 일, 그는 다시 자신을 채찍질하며 힘든 길을 걸어 갈 것이다. 믿고 펀딩해준 후원자들에게 감사하며, 아직은 미완성이지만 언젠가는 시스템과 조직을 만들어 제대로 된 지원을 할 수 있고, 약자들을 보호하는 방향으로 법 자체를 일신하는 혁명적 세상을 꿈꾸며.

책 판매대에서 〈우리들의 변호사〉를 한 권 샀다. 담당자에게 명함을 건네고 혹시 내일 시간되시면 전화를 부탁한다고 요청했다. 젊은이들이 붐비고 휘황한 불빛들이 빛나는 홍대 뒷골목 길거리 벤

박준영 변호사가 지난 연말에 낸 두 권의 책 표지

치에 않아 책을 열었다. 책은 아들에게 쓰는 편지로 시작하고 있었다. 프롤로그의 마지막 구절을 인용한다.

함께 더불어 사는 거야.
서로 도와가며 살아야 해.
그래야 진짜 행복할 수 있어.
아빠도 주변에서 많이 도와줘서 여기까지 왔다.
아빠도, 진우도 나보다 힘든 주변을 도우며 함께 살아가자,
우리 함께 파이팅!

【2016년 8월에 논의했던 다른 후보들】

— 다시, 이정현 녹취파일

공영방송 KBS에 대한 제2의 보도지침으로 여론의 뭇매를 맞았던 전 이정현 청와대 홍보수석이 여당 대표가 되는 현실이다. 더 큰 문제는 냄비처럼 들끓던 언론들의 이중적인 태도다. 언론의 문제는 무엇이 문제인지 보지 못하고, 반성하지 못하는 바로 자신들의 문제였다.

— 외부 세력

사드 배치를 둘러싼 성주 주민들의 싸움과 이화여대의 느린 민주주의 실현에는 소위 외부 세력과 연대 방식에 차이가 있다. 설정된 프레임을 넘어서 연대로 새로운 싸움의 동력을 얻어가는 성주 주민, 이기주의라는 비판에도 불구하고 기존의 운동방식과 다른 자신들만의 독특한 방법을 찾아가는 이화인들의 싸움을 보며 외부 세력이라는 프레임이 작동하는 방식의 문제점을 다시 생각하였다.

— 메갈리아

한국 사회의 성평등과 여성혐오문제를 담론화시켰다. 한 성우의 'We don't need a prince.' 티셔츠로 촉발되어 한 정당의 논평 문제로 비화되면서 오늘 우리 사회를 드러내는 하나의 현상이자 함께 해결해야 할 주요한 과제가 되었다.

— 교육부 간부의 개돼지 발언

언론인과 사적 자리에서 촉발된 사건으로 언론이 보도하기 힘든 사안임에도 이슈화되어 언론의 역할에 대한 성찰을 하게 만들었다. 동시에 국가의 교육정책을 수립하는 핵심 간부의 역사의식과 공인 의식의 부재를 처절하게 드러낸 사건이었다.

— 경남도민들, 2년간 연속릴레이 단식

무상급식 중단, 공공의료원 폐쇄, 도의원에 대한 막말 등 독선과 아집, 주민 무시 행정을 일삼아 온 광역단체장 홍준표 지사의 사퇴를 요구하며, 지난 7/25일부터 도민들이 릴레이 단식을 시작하였다. 단식은 앞으로 2년간 지속될 예정이다.

— 가정용 전기누진제

폭염 속에서도 전기료 폭탄이 무서워 에어컨을 틀지 못하는 서민들. 수조 원의 이익을 남기면서도 영세민이나 환자들에게 생색내기 할인에 그쳤던 공기업, 한전. 가정용 전기누진제는 정부정책이 약자들이 아니라, 가진 자들을 위해 집행되고 있음을 보여주는 대표적인 사례이다.

최승호 피디의 영화 〈자백〉

양승동

NCCK 언론위원회는 9월의 「시선 2016」으로 최승호 〈뉴스타파〉 PD(MBC 해직 PD)가 만들어 2016년 10월에 개봉한 영화 〈자백〉을 선정한 바 있다. 이 영화는 2016년 4월 전주국제영화제에서 개봉돼 관객들의 큰 호응을 얻었으나 본격적인 개봉을 위해선 넘어야 할 산들이 많았다. 이런 영화를 선뜻 받아들일 멀티플랙스 영화관을 찾기가 어려웠는데, 8월까지 소셜 펀딩을 통해 관객과 자금을 충분히 확보한 후 10월 13일 개봉했다. 당시 시사회가 진행 중이었는데 영화를 본 관객들의 반응은 뜨거웠다. 당시의 선정 사유와 그후 9개월이 지난 시점에서 최승호 PD와 인터뷰한 내용을 싣는다.

선정 사유(2016년 9월의 시점으로 기록되어 있다)

〈자백〉은 국가정보원의 탈북자들에 대한 인권 유린과 간첩조작 사건을 고발한 다큐멘터리 영화로서, 『뉴스타파』(시민의 자발적인 후원으로 운영되는 비영리 독립 언론)의 최승호 PD가 감독한 영화다. 최 PD는 지난 2012년 MBC에서 해직되기 전 'PD수첩'을 연출하면서 '황우석 줄기세포 조작', '스폰서 검사' 등의 방송 프로그램을 통해 큰 파문을 던졌던 인물이다.

〈자백〉은 서울시 공무원 유우성 씨의 간첩조작 사건을 중심으로 전개된다. 국정원의 내사로 2013년 1월 간첩 혐의로 긴급 체포된 유우성 씨는 그해 2월 탈북자 정보를 북한에 넘긴 혐의(국가보안법) 등으로 검찰에 구속·기소됐는데, 그 과정에서 중국 공안당국의 관인이 찍힌 '북한 출입국 서류'가 국정원에 의해 위조된 것으로 밝혀져 2015년 10월 대법원에서 무죄가 확정된바 있다. 그 위조 경위를 밝혀내는데 있어 결정적 역할을 바로 『뉴스타파』의 최승호 PD가 했었다. 이 영화는 대외적으로 철저히 차단된 국정원 합동신문센터에서 상상하기 힘든 인권 유린을 통해 만들어낸, 소위 '자백'이라는 것이 어떤 것인지를 파헤친다. 그리고 이 사건 말고도 또 다른 조작 사건의 가능성도 보여준다. 물론 국정원에서는 탈북자들 중에 간첩 용의자들이 있어서라고 주장하겠지만, 유우성 씨 같은 사람을 간첩으로 조작하는 행태가 용납돼서는 안 된다. 〈자백〉은

〈자백〉 영화 포스터

지난 1970~80년대의 중앙정보부 및 안전기획부에 의한 수많은 간첩조작 사건들도 이런 식의 '자백'을 무기로 조작한 것이었음을 보여줌으로써 현재 국정원의 간첩조작 사건이 역사적으로 어디서 기원하는지를 얘기해준다. 과거 정보기관의 인권 유린이 반독재반 정부 운동에 대한 탄압이었다면 지금은 그 대상이 탈북 북한 주민 들로 옮겨져 있음을 보여주는 것이다.

NCCK 언론위원회는 특히 다음 몇 가지 점에 주목하여 영화 〈자백〉을 9월의 「시선 2016」으로 선정하였다.

첫째, 영화 〈자백〉은 국가정보원 개혁의 원동력이 될 것이라는 점이다. 이 영화를 다 보고 나면 국정원에 대한 감시가 얼마나 필요한지 절감하게 된다. 그리고 국정원과 검찰 등이 왜 무리하게 간첩조작 사건을 만들려고 하는지에 대해 생각해 보게 해준다. 좋은 영화나 다큐멘터리는 큰 반향을 불러 오고 사회를 변화시키는데 촉매제 역할을 하는데, 영화 〈자백〉이 그 역할을 하게 될 것으로 기대된다.

둘째, 이 다큐멘터리 영화가 이 시대의 위축된 언론인들에게 큰 자극제가 될 것이라는 점이다. 영화를 보는 내내 몰입하게 하는 뛰어난 작품성, 전직 정보기관 수장들과 공안 검사들, 합동신문센터 등에 대한 성역 없는 취재 등. 사실 현재 "대한민국 언론이 죽었다"라고 얘기하는 사람들이 많을 만큼 언론인들이 위축돼 있는 상황에서 영화 〈자백〉은 '환경 및 권력에 대한 감시'라는 언론 본연의 역할에 얼마나 치열할 수 있는지 잘 보여준다. MBC에 의해 부당하게 해직된 언론인 최승호 PD, 하지만 이에 조금도 굴하지 않고 집념과 성실함으로 이런 영화를 만들었다는 게 감동으로 다가온다.

셋째, 『뉴스타파』가 지난 8월에 방송했던 〈훈장과 권력〉 4부작 (취재·연출: 최문호, 박중석)과의 연관성 및 계속성이다. 〈훈장과 권력〉은 수많은 친일인사들과 반민주 행위자들이 국가로부

영화 〈자백〉의 한 장면

터 훈장을 받은 사실을 치밀하고 끈질긴 탐사보도를 통해 밝혀냈다. 이 다큐멘터리는 지난 2005년 KBS 탐사보도팀(현재『뉴스타파』김용진 대표가 당시 팀장)에서 방송한 '최초공개 누가 일제의 훈장을 받았나'의 후속편으로 애초에 KBS의 최문호 기자 등이 '훈장 2부작'으로 준비했지만 사측의 방해와 반대로 제대로 방송될 수 없었던 프로그램이었다. 결국 최 기자는 지난 3월 KBS에 사표를 내고 뉴스타파로 이직했다(당시『뉴스타파』최승호 앵커는 자신의 페이스북에 "기사를 지키기 위해 사표를 던지는 것은 쉬운 일이 아닙니다. 잘 나가던 탐사기자 최문호 씨는 이 기사를 지키기 위해 KBS를 그만뒀습니다"라고 쓰기도 했다). 영화 〈자백〉은 해직 언론인 최승호 PD의 올곧은 언론관과 〈훈장과 권력〉 4부작을 만든『뉴스타파』의 치열한 독립정신이 빚어낸 역작인 것이다. 이번 '9월의 시선' 선정회의에서 한 위원은 "'자백'을 받아낸 자들이 '훈장'을 받았는데, 이제 '훈장'을 받았던 자들이 '자백'해야 한다"라고 언급하기도 했다.

마지막으로 NCCK 언론위원회는 이 영화가 앞으로 한국에서 제대로 상영되는데 어려움이 있을 수 있다는 점에 주목하였다. 만일 현 정권이 간첩조작사건들을 많이 만들어야만 유지되는 정권이라면 이 영화는 큰 탄압과 방해를 받을 것이다. 물론 그렇지 않기를 바라지만. 〈자백〉은 소셜 펀딩을 통해 지난 8월까지 짧은 기간 동안 4억 원 넘게 모금됐는데, 이는 영화에 대한 시민들의 기대와 지지의 표현이다. NCCK 언론위원회는 이 영화가 한국은 물론 해외에서도 널리 상영돼서 한국 사회의 인권의식을 한 단계 더 성숙시키고 반민주적 권력의 속성에 대한 성찰을 불러 오는 데 크게 기여할 수 있을 것으로 기대하고 지지를 보내는 의미에서 9월의 「(주목하는)시선 2016」으로 선정하였다.

최승호 PD 인터뷰

2017년 6월 20일(화) 오후 3시, TBS교통방송 로비에서 최 PD와 인터뷰를 진행했다. 얼마 전부터 공영방송을 망친 주범들을 추적하는 다큐 영화 〈공범자들〉을 제작 중이어서 한창 바쁜 와중에 귀한 시간을 내주었다. 인터뷰는 1시간 동안 진행됐다. 녹취한 그대로를 편집 없이 기록했다.

Q 극장 상영은 이제 다 끝난 거죠?

A 끝났죠. 지금 인터넷에서, IPTV에서 볼 수 있고. 네이버에서도 볼 수
있어요.

Q 극장 관객은 최종 몇 명으로 집계 됐어요?

A 14만 3천여 명.

Q 예상보다 적은가요 어떻습니까?

A 예상보다 적은 거죠. 예상은 그때 뭣도 모르고 뭐 한 100만은 들지 않겠
느냐, 뭐 이런 허황된 꿈을 꿨는데, 그거는 현실을 좀 잘 몰랐던 거더라
고. 이게 아무래도 현재 지금 〈노무현입니다〉 같은 경우는 노무현이라
는 스타에 대한, 엄청난 스타에 대한 휴먼성 다큐멘터리잖아요? 노무현
에 대해서 듣고 싶고 보고 싶은 사람들이 가서 보는, 그런… 보면서 막
울고… 카타르시스를… 그런 건데, 자백이라는 건, 간첩 조작에 대한
다큐멘터리라는 게 상당히 좀, 약간 좀 각오를 하고 가서 봐야 되는 거
라… 각오를 하고… 그러니깐 뭐 영화는 좋은 영화더라, 하는 소문은
자자하게 났었는데, 좋은 영화인데, 자기가 가서 보려면 이제 좀… 약간
좀 용기를 내야 하는, 그런 거라서 아무래도 좀 한계가 있더라고요. 쉽
게 볼 수 있어야 되는데.

Q 개봉 직후 박근혜-최순실 게이트 터졌잖아요. 그런 게 좀 영향이 있지 않았을까요?

A 그 영향도 좀 있었죠. 그 영향이 아니었으면 아마 이보다 한두 배는 나왔을 텐데, 그 영향 때문에 아무래도 사람들이… 그때 전반적으로 영화관에 안 갔으니까… 다 TV 보느라 바빠 가지고.

Q 현실에서 일어나는 일이… 물론 이것도 현실을 다룬 다큐멘터리지만, 지금 막 일어나고 있는 사건이 너무 드라마틱하다보니…

A 연관성이 굉장히 있는 다큐멘터리인데, 그때 이게 현실에서 일어나니까, 뭐 영화관에까지 가서 또 막 스트레스 받으면서… 보는 게 좀 그랬을 것 같아요.

Q 이 주제를 선택한 계기가 있었습니까?

A 아니 뭐, 주제는 뭐, 제가 원래 간첩 조작 문제를 계속 취재를 해 왔으니까. 〈뉴스타파〉가 아니면 취재할 수 없었던 그런 거기 때문에, 사실 일반 공중파 방송사에서 취재 못하죠. 제가 PD수첩에 있었어도, 이거를 몇 년 동안 국정원 상대로 취재한다는 게 사실 어려운 거죠. 어려운 거기 때문에, 〈뉴스타파〉에서 다행히 제가 해고가 되는 바람에 가서 취재를 할 수 있었던 거고, 그래서 이제 오래 취재를 하다 보니까 PD로서 봤을 때, 상당히 이게 스토리로서 매력적인 요소들이 굉장히 많이 있고, 그래서 뭐… 영화로 한 번 만들어 봐도 되겠다 싶어서 그 다음에 영화로 만들게 된 거죠. 처음에는 그냥 사건의 실제 자체를 취재해서 밝히는

데 목적이 있었죠. 그래서 인제 실제로 유우성씨가 무죄판결을 받았죠. 실제로 무죄 판결을 받았는데도, 국정원이 그렇게 많이 바뀌진 않더라 고요. 그래서 국정원을 어떻게 하면 바꿀까, 이런 생각을 하던 차에 아 이걸 영화로 만들면 상당히 영향이 있겠구나. 그런 생각을 했죠.

Q 출입국 서류 조작. 그때부터 취재를 시작하셨던 건가요?

A 아니요. 그보다도 훨씬 전에 처음에 유우성씨 여동생이 국정원 중앙합 동신문센터를 나와서 자기가 허위 자백을 했노라고 기자회견에서 이야 기를 했을 때, 그때부터 우리가 취재하기 시작한 거죠. 그리고 한참 뒤 에, 서류 조작은 한참 뒤에 나온 거죠.

Q 그러면서 이제 서류 조작이 화제가 된 거죠?

A 그렇죠. 국정원에서, 여동생이 나와서 내가 국정원에서 고문을 당해가 지고 오빠가 간첩이라는 허위자백을 했다. 이렇게 밝혔단 말이에요. 그 런데 국정원은 그게 거짓말이라고 주장을 하면서, 자기네는 그런, 고문 을 한 적이 없다. 그리고 오빠는 간첩이다. 이 주장을 계속 한 거죠. 계속 했는데, 여동생이 나온 게 2013년 4월 말인데, 8월에 오빠가 무죄 판결 을 받아요. 1심에서. 그때 〈뉴스타파〉도 막 보도하고 그런 영향도 있고 해서 무죄를 받았으면, 국정원에서 사실은 정신을 차렸어야 했는데, 국 정원 상층부에서 실은 자기네 실무 부서에서 허위자백을 강요해서 간 첩 조작 사건을 만들어 냈을 지도 모르겠다 하는 생각을 해야 되는 거잖 아요? 무죄판결이 나왔으니까. 그런데 그런 게 전혀 없는 거야. 국정원

영화 〈자백〉 최승호 감독(사진 출처: 뉴스타파)

이. 내부를 제대로 체크하고, 내부가 잘못 돌아가는 거에 대해서, 간첩을 만들어 내는 거에 대한 감시, 교정, 이런 시스템이 전혀 없다보니까, 대공수사부, 유우성을 수사했던 파트에서, 이번에는 아예 유우성을 진짜 간첩으로 만들기 위해서, 확실한 서류를 조작을 해버린 거야. 1심판결 이후에 조작이 된 거야. 조작이 돼서 2심 재판에 제출이 됐어요. 조작된 서류가 제출이 됐는데, 그때 그 서류를 보고 변호사들하고 우리하고 다들 깜짝 놀란 거지. 이 서류대로라면 유우성이 북한에 두 번 들어갔다 나왔다는 얘긴데, 유우성의 지금까지의 진술이 다 거짓말이라는 거지. 그래서 우리가 중국에 가서 출입경 기록을 제출했다는 중국 관공서에 가서 국정원이 제출한 서류를 보여주면서, 당신들이 발행한 게 맞는지 물어봤더니, 자기들이 발행한 게 아니라 "이것은 위조된 서류다"라는 답변을 가지고 다시 재판부에, 그 사람들이 그렇게 이야기하는 것을 우리가 몰래카메라로 찍어서 제출을 하고, 그 다음에는 유우성의 진짜 서류. 정말로 중국 관공서에서 발급한 진짜 서류를 발급 받아서 제출을 한 거지. 그런데 가짜 서류는 상당히 조잡하게 만들어져 있고, 진짜 서류는, 상당히 보면… 연변 조선족 자치주의 관공서에서는, 한자하고 한글을 병행해요. 그래서 도장에 한글도 있고 한자도 있고. 조작한 위조한 서류에는 아주 조잡하게. 한자로 된 서류로 이렇게… 한 거거든.

Q 저도 그 전에 출입경 서류를 위조했다는 게 여기저기 언론 매체에서 드러난 모양이라고 알고 있었는데, 영화 보고서 직접 가서서 확인 하면서 드러났다는 걸 알았습니다. 해직 전 MBC에 계실 때는 남북문제, 간첩 이런 아이템을 다룬 적이 있었나요?

A 없었죠. MBC에 있을 때까지만 해도 초기에, 김대중 노무현 정부, 그 이전에 김영삼 정부 시절까지만 해도… 김영삼 정부 시절에 아마 간첩 조작이 한두 건 있었을 거예요. 나중에 밝혀진 게. 그때는 〈피디수첩〉이 있었지만, 그런 문제까지 다룰 수 없는 상황이었고. 김대중 노무현 정부 시절엔 간첩 조작이란 게 없었고. 그때는 그 전의 안기부를 개혁해 가지고 국정원이라고, 했으니까. 개혁 되고 있는 상황이었기 때문에 그런 정도의 문제점을 못 느꼈죠. 그런데 이명박 정부로 바뀐 뒤부터 간첩 조작이라는 게 다시 생겼기 때문에, 저는 MBC에 있을 때만 해도 간첩 조작이라는 거는 아주 옛날에 끝난 문제라고 생각을 했는데, 해직 후 〈뉴스타파〉에 들어왔는데 2013년 초에. 유가려 씨가 합동신문센터에서 나와 가지고 내가 허위자백을 강요당했다 증언을 하면서 제가 알게 된 거죠. 간첩 조작이라는 게 요새도 하고 있구나. 이런 걸 알게 된 거죠.

Q 제가 2005년에 〈KBS 스페셜〉에서 한 번 재심 사건으로 무죄 판결 받은 사건을 취재한 적이 있어요. 그런데 이게 좀 개인적인 질문인데, 그때 취재 하면서 고문에 의해서 자백을 하고, 그게 증거 능력이 없는 걸로 돼서, 재심 에서 무죄가 됐는데, 그런데 그때 취재하면서 조금 그런 생각은 들었어요. 100퍼센트 이게 다 고문에 의한 허위 자백일까? 뭐 이런 생각이 좀 들었는 데, 혹시 취재과정에서 그런 의구심은 없었습니까?

A 경우에 따라서, 그러니까, 저는 그렇게 생각해요. 탈북자들이잖아요. 탈 북자들을 간첩이라고 만들어서 간첩 조작한 케이스가 유우성씨 말고도 많아요. 고등법원까지 무죄판결 난 케이스도 있고. 다른 케이스들도 있 거든요. 제가 아는 케이스들은 완벽한 조작이라고 봅니다. 이거는 뭐⋯ 그 사이에 뭐 어떤⋯ 그러니까, 실제로 간첩 혐의를 들 수 있는데, 다만 수사 절차나 이런 것들이 위법했기 때문에 절차상의 문제를 가지고 무 죄 판결을 내리는 그런 사례는 탈북자 케이스에서는 하나도 없다고 봅 니다. 없고, 과거의 재심사건 중에서는 일부 뭐 어떤 약간의 그런 접촉 같은 게 있었을 지도 모르는데, 이거를 그 당시에 중앙정보부나 안기부 에서 뻥튀기를 하고 과장을 하고 고문을 해서 상당한 증거를 만들어 내 고 했다고 봅니다. 그래도 일정한 정도의, 약간의 어떤 빌미랄까 그런 부분들이 있을 수 있는 경우도 있겠죠.

Q 그때를 제가 반성을 하는데, 그때는 제가 취재를 하면서, 그분의 가족을 인 터뷰하고 취재하고 싶었는데 그게 안 되는 거야. 왜 그럴까. 뭐가 좀 있어서 그러나? 이런 의혹을 가졌는데, 나중에는 아 그 가족 입장에서는 당연할

수도 있겠다는 생각을 했던 경험이 있어서 질문을 드려 본 거고. 예상보다 관객은 좀 적었다고 했는데, 제가 여기 오기 전에 인터넷 검색을 해봤는데, 영화를 본 관객들이나 평론가들 반응*이 상당하더군요. 그런 의미에서 영화의 메시지는 충분히 전달됐다고 생각하고… 그런 반응에 대해서는 어떻게 받아들이는지.

A 영화라는 게, 강점이 있는 것 같아요. 14만 몇 천 명은 TV에서는 적은 숫자죠. 아니죠. 시청률도 아마 거의 안 잡히는 수준일 텐데, 그럼에도 불구하고 - 영화관만 그렇고 물론 IPTV나 이런 것들은 따로 또 잡히는 거죠. 어둠의 경로로 보는 분들도 많기 때문에 전체적으로 따지면 그보다는 훨씬 많이 봤을 거예요. 한 몇 십만 정도는 봤을 거라고 보는데 - 아무래도 이게 큰 화면에서 완전히 몰두를 하면서 보잖아요. 굉장히 임팩트가 큰 것 같아요. 임팩트가 커요. 보시고 난 관객들이 말씀하시기를 "잠을 제대로 못 잤다"는 거예요. 뭐, 도대체 나라가 이래서 되나하면서.

Q 사실은 사회적으로 약자잖아요. 이 사람들이 탈북자고 거기에다 화교 출신이고. 이전 70~80년대 독재 정권 시기 정권 안보를 위한 수단**으로서 필

---

* 국정원이 만든 공포의 진실, 영화 〈자백〉 - 하민지 기자(오마이 스타, 2016.10.21.) / 다큐멘터리를 넘어 거대한 감동까지 끌어내는 〈자백〉의 영화적 성취 - 김영진(씨네 21, 2016.10.25.) / [영화, 역사에 말 걸다] '자백', 이제 진실을 고백하라 - 박준영 (주)크로스컬처 대표, 역사작가(이투데이, 2016.11.04.) / [서의동의 사람·사이-최승호] "공영방송이 바로 서야 새 시대가 제대로 출발" - 서의동 선임기자(경향, 2017.05.15.) / [원희복의 인물탐구] 다큐영화 〈자백〉 제작한 최승호 PD… 숨겨진 진실 캐는 고집 센 탐사가 - 원희복 기자(주간경향, 2016.11.09).
** 이에 대해 최승호 PD는 한 인터뷰에서 이렇게 말했다. "간첩 조작사건이 박근혜 정권 하에서 아직도 일어나고 있다는 게 놀랍고 이것이 바로 지금 대한민국의 본질을 보여주는 거라 생각합니다. 분단의 현실 때문에 간첩조작이 권력 재창출에 이용되고 활용

요한 국면에서 간첩을 만들어냈다고 보이는데, 어떻게 보면 사회적 약자에 대한 관심이 평론가들이나 이걸 본 사람들 말고도 더 많은 국민들이 봐줬더라면 좋았을 텐데 하는 아쉬움은 좀 있겠어요?

A 그런 면이 없지 않지만 어쨌든 영화를 상영하는 과정에서, 문재인 후보도 와서 보셨고, 또 이재명 시장도 보고, 해가지고 등등. 나름대로 국정원 개혁에의 어떤 공약, 그중에서 특히 대공수사권을 박탈해야 한다, 국정원으로부터. 그리고 순수 정보기관으로 탈바꿈 시켜야 된다 하는 얘기가 굉장히 강력하게 힘을 받게 된, 그런 역할을 했죠. 물론 영화 때문만은 아니지만. 어쨌든 새로운 국정원장이 임명 돼가지고 과거 사건에 대해 조사하는 중이고, 그 조사 사건 중 하나가 유우성 사건이에요. 유우성 사건을 제대로 조사하면, 국정원이 실제로 간첩 조작을 어떤 식으로 했는지가 잘 나타날 겁니다. 그것 말고도 많다는 것도 나올 거고. 그걸 통해 국정원을 제자리로 돌리고, 피해자들 구제도 하고, 이런 걸로 이어져야죠.

Q 검찰 개혁도 관련 있겠지요. 영화에서 대검 공안부 검사가 너무도 태연하게 간첩 조작에 참여하는 모습을 보니 놀랍더군요.

되고 있고 끊임없이 복사되고 있는 거죠. 단지 탈북민을 간첩으로 조작했다는 차원이 아니라 이 사건 하나가 우리 현실의 핵심적인 모순의 단면을 보여주고 있다고 생각합니다. 북한의 공포를 이용해 국민들을 겁박하는 게 지금까지 중앙정보부나 국정원의 모습이었죠. 조작을 해서라도 간첩이 지금 여기에 있다고 보여주는 것이고, 권력에 대한 문제 제기 자체를 억누르려는 목적으로 이용되었고요." / [영화, 역사에 말 걸다] '자백', 이제 진실을 고백하라 - 박준영 (주)크로스컬처 대표, 역사작가(이투데이, 2016.11.04.).

A 검찰도 뭐, 사실 정말 어마어마한 짓을 한 거죠. 수사 지휘권이 있는 검찰이, 물론 과거부터 검찰이 사실 지휘권을 행사 하진 못했죠. 적어도 중앙정보부나 안기부에 대해서는. 그런데 소위, 개혁된 국정원 시대에 와서 조차도 이런 상황이고, 또 유우성 사건 같은 경우에는 검찰이 오히려 좀 더 적극적으로 허위 증거를 요구한, 그런 정황도 있고 그래요. 그래서 좀, 검찰도 상당히 제대로 된 개혁을 해야 한다 생각합니다.

Q 간첩 조작 사건인데, 이게 탈북자이고 그 중에서도 또 화교잖아요. 그래서 이게 좀, 일반 관람객들의 관심을 끌기가 좀 어려운 면이 있지 않을까하는 이런 우려는 없었나요? 약자 중의 약자인데요.

A 그런 생각도 했죠. 실제로 그런 면이 좀 있어요. 화교였기 때문에, 유우성씨 사건을 인터넷으로 다루잖아요? 뉴스타파의 꼭지로 다뤄서 올리고 이러면, 꼭 달리는 댓글 중, 탈북자들이 굉장히 많이 달아요. 사실 똑같은 처지예요. 지금 한국에 오는 탈북자들이 다 중앙합동신문센터 거쳐서 나오고, 그 안에서 자기네들이 고초를 당해서 나오거든요. 그렇게 고초를 당해서 나오는데, 이 사람들이 와서 댓글을 다는 주장이 "저 새끼 저거 화교인데, 화교가 말이지, 간첩질 한 거를 너네가 뭘 인권을 보호한답시고 그러느냐" 하는 식으로 댓글들을 그렇게 많이 달아요. 탈북자들이. 그게 다 국정원의 조정 같은 것들이 있고, 또 기본 의식 자체가 인권 의식이 없는 경우도 있고요. 북한에서 있을 때 화교에 대한 어떤 그런 굉장한 질시랄까 화교는 굉장히 잘 살고, 아무래도 중국을 통해 상품 교역 같은 것도 하고 그러니까. 그래서 그런 것들 때문에 어떻게

보면 탈북자들이 오히려 이런 문제에 대해서, 자기네 인권 문제이기 때문에 같이 나서서 연대하면 좀 좋은데, 탈북자 단체들이 거의 그러지를 않더군요. 그런 것들이 굉장히 안타까운 일이죠. 〈자백〉에서 유우성씨 사건만 갖고, 혹은 기존의 다른 탈북자들에 관한 다큐멘터리로만 다룰 수도 있었어요. 그렇게만 다뤘으면 공감대를 얻기가 쉽지 않겠다는 생각이 들었고, 그렇기 때문에 과거사까지 포함시켰죠. 그래서 재일동포 분들을 포함시킴으로써, 그리고 수십 년 전인 1974년에 간첩으로 조작 당하셨던 김승효씨, 그분 케이스를 집어넣어서 그분이 40년 전에 당한 그 사건이, 그 피해가 지금까지도 그대로 남아있다는 것을 선연하게 보여줌으로써 사람들한테 인권을 침해하는 게 어떤 효과가 있는 건지 보여주려고 노력한 거죠.

Q 약자 중의 약자, 특히 화교, 이들은 간첩으로 조작해도 나중에 문제가 없을 거다, 뭐 이런 생각을 가지고 하지 않았나 하는 생각이 영화를 보면서 들더라고요.

A 그때도 재일동포는 이렇게 해도 될 거라는 생각 때문에 했던 거고, 그때 재일동포보다 지금 이제 그 탈북자들은 화교만 그런 건 아니고, 그 유우성 사건만 화교지, 다른 조작 사건들은 그냥 탈북자입니다. 탈북자들은 훨씬 더 취약하죠. 재일동포들은 그래도 그나마 일본에 가족들이 있잖아요. 가족들이 있고 재판 때에 와서 참관도 하고 하셨지만, 탈북자들은 그야말로 혈혈단신. 간첩으로 이렇게 선택되는 사람들이 있거든요. 남한에 미리 와 있는 다른 친척들이 없는 경우들을 간첩으로 선택하는 경우

가 많습니다.

Q 일반 국민들도, 저 중에 간첩들이 섞여있을 수 있다, 뭐 이런 인식도 좀 활용을 하지 않았을까요?

A 그런 것도 있었겠죠.

Q 스토리 펀딩으로 모금을 했는데, 그것은 성공적이었다고 볼 수 있죠?

A 굉장히 성공적이었죠. 그때 4억 3천만 원 정도 모금했는데 그때 그게 굉장히 기록이었죠. 그 당시 최고 기록.

Q 몇 명 정도 참여 했었나요?

A 1만 8천 명 정도.

Q 그럼 나중에 개봉하고, 그 참여한 분들은 시사를 할 수 있게 하는 과정을 거쳤던 거죠?

A 네. 개봉하기 전에, 시사회에 그분들을 다 불러 모셨고, 시사회를 통해서도 다 못 보신 분들은 개봉하고 난 뒤에 모시고.

Q 제작비하고 나중에 손익 계산은 어떻게 됐습니까?

A 손익계산은 뭐… 이익이 조금 나서, 이익 난 부분을 '민들레'라고, 국가 폭력 피해자들을 돕는 모임이 있거든요. 변호사님들하고, 간첩 조작 사건 피해자들 돕는 변호사들, 신부님 등등 모여서 조작 피해자들 돕는 단

2016년 4월 전주국제영화제에서 첫 상영된 영화〈자백〉, 상영 후 최승호 PD(왼쪽)가 관객들과 대화를 나누고 있다. (사진 출처: 미디어오늘 ⓒ김도연 기자)

체인데, 거기에다가 우리가 이익금을 줬습니다.

Q 의미 있는 일을 하셨네요. 개봉하고 배급하는 과정에서 혹시 뭐 국정원에서 압력 같은 건 없었습니까?

A 그런 거는 없었습니다. 오히려 아마 그랬을 거예요. 그쪽 입장에서는 아마 조용히 있는 게 최고다. 괜히 건드리면 오히려 노이즈 효과만 일어나고 안 좋다 했겠죠.

Q 그 합동신문센터 앞에서 취재하는 장면이나 국정원 외경은 처음 본 거 같아요. 그거에 대해서는 국정원에서 특별히 문제 삼은 건 없었나요?

A 없죠. 찍어도 되니까. 보안 뭐 어쩌고 그러는데, 청와대도 외경 찍잖아요.

Q 그런데 참 우리가 아무도 거기에 가서 취재하고 촬영할 생각은 안 하는 것 같아요

A 네, 그렇죠. 그쪽 사람들도 이제 좀 익숙해졌는데, 우리가 뉴스타파에서 합동신문센터 처음 가서 찍을 때는 난리가 났어요. 안에서 나와서는, 우리를 거의 범인 취급하면서, 카메라 당장 끄고 안에 있는 거 다 지우고 내놓으라 그리고, 거의 뭐 잡아갈 것처럼 그랬었는데, 우리가 그렇게 찍은 거 방송해버리고 또 가서 찍어서 또 방송 해버리고 이러니까, 나중에는 안 나오더라고요. 근거가 없는 거예요. 외경인데 뭐. 우리가 내부에 들어가서 뭐 보안 상황에 대해서 뭘 해서 비밀을 노출시키거나 그러면 안 되겠지만. 보안 규정이라는 거 자체가 내부 이런 거에 관한 거지, 외경 찍는 걸 막는 건 없습니다. 그들도 자기 권위의식에 절어있는 거지. 어디 감히 여기 와서 카메라를 들이대, 이런 생각을 갖고 있는 거예요. 언론도, 저긴 가면 안 돼. 그런 생각 때문에 그러는 거죠.

Q 그래서 그 장면들도 그것도 의미가 있었던 것 같아요. 기획해서 배급하고 상영할 때까지의 과정에서 어려웠던 일이 있었다면?

A 글쎄요. 매 번, 매 절차. 처음 해본 것들이니까 다.

Q 북중 접경 지역에서 통화하는 장면도 아주 인상적이던데 어려움은?

A 취재 과정은 아무래도 중국에서 취재하는 게 아무래도 좀 어려웠죠. 거기는 위험하니까. 실제로 북중 국경이라는 데가 상당히 긴장감도 있고. 자칫하면, 굉장히 예민하게 생각하는 곳이라서. 실제로 잡혀 보기도 했

어요. 여권도 뺏겨 보고. 어떤 때는 내가 뭐 중국 공안당국의 지명 통보 대상자로 분류가 돼 있다는 얘기도 있었고. 한참동안 나는 못 들어가고 카메라맨만 들여보내고 그런 적도 있었어요.

Q TV프로그램 제작하다가도 시간 쫓기고 하는데, 일이 제대로 안 풀려서 힘들 때 있지 않습니까? 그런 건 없었나요?

A 이번에는, 그런 거는 비교적 뛰어 넘은 셈이죠. 시간을 정해놓고 했던 건 아니기 때문에. 〈뉴스타파〉라는 매체의 장점일 수도 있고요. TV 같으면 돌아가는 시간이 있기 때문에, 〈PD수첩〉은 몇 시까지 내야 한다, 뭐 그런 거에 메여서, 그럴 텐데 영화를 꼭 언제 내야 하는 건 아니거든. 취재될 때까지 하는 거지. 그래서 북한에 있는 탈북자, 돌아가신 분 딸과 접촉하고 그런 부분은 될 때까지 한 거죠.

Q 해외에서도 관심이 꽤 있을 것 같은데?

A 해외는 잘 안 됐어요. 해외 편도 만들기도 하고 했는데,

Q 해외영화제 출품은요? 저는 그 당시 보면서 국내도 국내이지만 해외에서 상당히 반향이 있을 거라 생각했는데요.

A 영화제, 저희가 직접 한 게 아니라 배급사에서 보낸다고 보냈는데 반응이 별로 없는 것 같아요. 그렇죠. 우리가 뭐 잘못했는지, 하여튼 해외에선 재미를 못 봤던 것 같아요. 서툴렀던 점이 있었던 것 같아요.

Q 아쉽네요. 다음에 좀 보완하든지 해서 해외 진출이 되면 좋겠어요. 직접 제작해보니 영화 다큐와 방송 다큐에 어떤 차이가 있던가요?

A 제가 느낄 때는, 방송 다큐는 설명을 많이 하잖아요. 내레이션 설명을 많이 하는데, 할 수 밖에 없어요. 브라운관이 전체 시야에서 차지하는 부분 자체가 작고. 그걸 한 시간씩 끌고 가려면 사람들 쉽게 파악하고 따라올 수 있게 해야 하는데, 내레이션으로 쭉 끌고 가죠. 특히, 시사 다큐멘터리 같은 경우에는, 〈피디수첩〉이나, 뉴스도 그렇고, 내레이션으로 상황을 선행 설명하죠, 보통. '증거가 나왔습니다'하고 증거를 보여 준다든지. '이러이러한 사실이 밝혀졌습니다'라고 설명을 하고 난 뒤에 실제 통화 내용을 들려준다든지. 이런 식으로 선행해서 사람들한테는 짧은 그 시간에 있었던 내용과 팩트가 각인되도록 하기 위해 노력을 많이 하는데, 영화라는 거는 굉장히 큰 화면으로 보여주는데 팩트를 막 던지고 해서는 안 돼요. 한 시간 반 이상 상영하는 영화에서는 가급적이면 팩트를 좀 빼려고 많이 노력하죠. 사람들의 감정을 움직이려고 하는. 감정을 움직인다는 거는, 억지로 컨트롤 하려는 느낌을 주면, 이게 안 움직이거든. 그러니까, 선행적인 내레이션 같은 것들을 최대한 자제하는 거죠. 그냥 보여줌으로써 보는 사람들이 자연스럽게 밑에서 올라오도록 하는 그런 거죠. 최소한의 설명. 이거는 얘기 안 해주면 뭔 소린지 모르겠다, 그런 부분만, 그런 수준으로 하게 되더라고요. 해야 되는 거더라고요.

Q 촬영 과정에서 계산해서 영화화 한 겁니까?

A 촬영 과정에서까지는 제가 뭐, 나중에, 영화 만들겠다 하고 난 뒤에 했던 일은, 큰 샷들을 많이 찍었죠. 롱샷이나 풍경 전체 화면 전체를 압도하는 큰 샷들을 찍으려고 했죠. TV 다큐멘터리들은 작게 찍잖아요. 클로즈업을 많이 주고 하는데, 영화는 웬만한 거는 한 화면에 다 보이기 때문에 그런 거를 하는 게 조금 다른 측면인 거죠.

Q 그때 〈NCCK 이달의 시선〉 추천 사유 중 하나가 지금 KBS나 MBC 등 방송 쪽에 있는 동료나 후배들 특히 시사 프로그램 제작하는 PD들에게 큰 자극제가 될 수 있다는 것이었습니다. 사실 그 동안 많이 위축 되어있지 않았습니까? 후배나 동료 PD들한테 해 주고 싶은 얘기가 있습니까?

A 우리가 스토리텔링하는 방법에 대해서도 고민을 많이 해야 될 것 같고, 새로운 방법, 끊임없이. 방송 다큐가 갖고 있는 고정 관념 같은 게 있잖아요. 그런 방식들에 대해서 다시 한 번, 자꾸 생각해봐야 될 것 같아요. 특히나 지금, 사실 대중들의 기성 매체에 대한 신뢰도가 어마어마하게 떨어져 있는 상황이잖아요. 안 믿는단 말이에요. 우리가 만드는 것에 대해 안 믿어요. 그렇기 때문에 더더욱, 신뢰를 얻을 수 있는 방법에 대해서 많이 생각해야할 것 같고. 그만큼 어떻게 보면, 기존에 우리가 만들어 왔던 작법을 고민해서 자꾸 고쳐 나가려고 하는, 애쓰는 그런 것들이 필요한 것 같습니다. 특히 저는 KBS보다, KBS는 지난 어려운 세월을 겪었지만, 그럼에도 불구하고 새 프로그램을 바꾸고, 일손을 완전히 놓았던 건 아닌데, MBC는 거의 일손을 놓다시피 했어요. 도무지 프로그램을 못 만들 정도로 해 버렸으니까. 그랬는데, 저도 정신 좀 차리고,

좀 제대로 좋은 거 한 번 만들어 보려고 애쓰고, 신뢰를 얻을 수 있는… 어떻게 하면 될까 고민하고, 그럴 수 있는 때로 돌아갈 수 있으면 좋겠어요.

Q 해직 중이신데, 〈자백〉도 만들고, 다시 지금 〈공범자들〉도 상당히 관심 끌고 있는데, 후배들한테 많이 귀감이 될 것 같고. 어떻습니까? MBC가 정상화 되거나 기회가 되면 다시 돌아가십니까?

A 돌아가야죠.

Q 그럼 〈뉴스타파〉는?

A 〈뉴스타파〉는 김용진 대표를 비롯한 많은, 뭐, 〈뉴스타파〉를 하기 위해서 온 사람들이 많죠. 공채로 들어온 친구들도 있고. KBS, MBC 그만두고 온 친구들도 있고.

Q 사실 공영방송이 제대로 역할을 한다면 이런 주제를 포함해서 훨씬 더 임팩트 있는 방송을 할 수 있다고 생각하시는 거죠?

A 그럼요.

Q 저도 여러 가지 인상적인 장면이 있는데, 일반 관객들도 그럴 거고. 우리도 프로그램 제작하고 방송 나가고 나면 특히 인상에 남는 몇 부분들이 있잖아요? 본인이 꼽는다면? 자백에서.

A 뭐 역시, 딸하고 통화하는 그게, 개인적으로도 가장 힘들었던 장면이고,

역시 기억에도 많이 남죠. 다른 장면들도 상당히 좀 그런 부분들이 있는데, 김승효 선생님 만나기 위해 출국하다가 김기춘씨를 공항에서 갑자기 맞닥뜨렸다든지, 그런 것들이 있는데 돌아가신 분 딸하고 통화하던 그 장면*이 어렵기도 하고 그랬던 것 같아요.

Q 그게, 핸드폰을 가지고 국경 근처에서 통화가 가능한 거죠?
A 가능합니다. 국경 가까운 쪽은 돼요.

Q 중국 기지국에서 가까운 경우에, 그 쪽을 통해서 이렇게 되는 거죠? 저는

---

* 영화비평가 김영진은 이 장면에 대해 이렇게 썼다. "이 영화가 저널리즘의 기록 수준을 넘어 상당한 감동을 주는 영화적 성취를 이뤄내는 지점으로 나아갔다. … 영화 속 한 장면에서 최승호는 국정원에서 간첩혐의로 심문을 받던 도중 자살한 탈북자 한준식의 딸과 어렵게 통화하는 데 성공하는데 아버지의 죽음을 알려야 하는 최승호의 입장과 그 소식을 들어야 하는 북한에 사는 딸의 입장은 서로 다른 맥락에서 가혹하다. 최승호는 한준식의 딸에게 아버지의 죽음을 알리면서 동시에 한준식이 북한을 드나들었다는 국정원의 주장이 맞는지 틀리는지를 확인해야 한다. 딸은 진실을 알려준다. 이것으로 최승호의 저널리스트로서의 목적은 달성했지만 동시에 그는 한준식의 딸에게 아버지의 기일을 알려주면서 애도와 위로를 표해야 하는 인간적으로 고통스런 입장에 처한다. 이 장면에서 통화가 끊기고 화면은 최승호의 얼굴을 보여주는 게 아니라 북한과 중국 국경 지대의 얼어붙은 강을 낮은 앵글로 보여준다. … 그 화면은 강의 이미지로서가 아니라 관객이 한 번도 보지 못한 딸의 얼굴을, 죽은 한준식의 집을, 딸을 두고 온 아버지 한준식의 심정을, 돌아오지 않는 아버지에 대한 딸의 감정을, 무서운 국정원 독방에서 딸을 그리워하던 아버지의 감정을, 그리고 이제는 그가 무명인으로서 죽어 있는 무덤을 떠올리게 하는 이미지인 것이다. 이런 정감 이미지의 효과는 즉각적인 것이 아니라 소급적이다. 우리가 반복해서 떠올릴 때 느낄 수 있는 것이다. 이런 미학적 여백의 창출은 최승호라는 감독이 알고 한 게 아니라 그의 태도가 불러온 컷의 효과일 것이다. 박홍렬은 이 장면을 언급하면서 "좋은 영화는 열심히 준비하고 고민한 태도로 우연을 기다리고 필연을 만나는 순간의 기록이다"라고 말했다." / 다큐멘터리를 넘어 거대한 감동까지 끌어내는 〈자백〉의 영화적 성취 – 김영진 (씨네21, 2016.10.25).

또, 검사와 걸어가면서, 검사가 뭐 자기는 전혀 잘못이 없는 것처럼 하는 장면도 상당히 인상적이더라고요. 마지막에 스크롤에 조작 사건들* 보여 주는데 엄청 많더군요. 그거는 통계가 다 나와 있는 거였어요?

A 그거는 뭐 어디서 밝혀 놓은 건 없고, 우리가 다 일일이 찾아서 조합 해 놓은 거죠. 사실 그보다 더 많을 겁니다. 많을 건데, 우리가 대법원에서 자료를 받을 수가 없어서…

Q 〈뉴스타파〉 하시면서 또 바쁘지 않아요? 그런데도 틈틈이 어떻게 계속 작품을 하십니까?

A 뭐 일단, 제가 〈공범자들〉 이걸 지금 제작하고 있는데, 요새는 거의 이 일만 하죠. 요새는. 내가 너무 바쁘다는 걸 아니까, 요새는 앵커로서의 역할도 잘 안 하고 이것만 합니다.

Q 요즘은 배려를 좀 해 주시는 건가요?

A 예. 도저히 안 되니깐. 시간적으로.

Q 하여튼, 공영방송에 대해서 문제를 지적하는 다큐멘터리를, 저도 생각하고

---

* "사실 재심을 통해 확인된 것만 보더라도 간첩 조작의 역사는 길다. 이승만 정권에서 간첩 조작은 진보당 당수 조봉암 살해, 국회 프락치 사건 등 정적 제거용으로 활용되다가 박정희 정권에서는 정치인·학생·교수·종교인 등 시국반대세력 제거용으로 활용됐다. 특히 1970년대 들어 재일교포 고향방문사업 이후 남북을 오간 재일교포를 손쉽게 간첩으로 조작했다. 1992년 한·중 수교 이후 남북을 오간 재중교포(조선족) 간첩 조작 사건과 요즘에는 탈북자들이 늘어나면서 탈북자들을 간첩으로 조작하는 사례가 많아졌다." / [원희복의 인물탐구] "다큐영화 〈자백〉 제작한 최승호 PD… 숨겨진 진실 캐는 고집 센 탐사가", 원희복 기자(주간경향, 2016.11.09.)

있지만, 뭐 사실은 지금 KBS나 MBC에서 불가능한데, 제작하고 계셔서 관심들이 높습니다. 마지막으로 이 인터뷰 기사를 보는 사람들 중에 자백 영화를 안 본 사람도 있을 텐데, 물론 영화를 통해서 기획 의도가 다 배어 있지만, 이 다큐가 전하고 싶었던 메시지를 간략하게 마지막으로…

A 탈북자들을 간첩으로 조작하는 것과 같은 인권 침해가 국가 안보라는 이름으로 저질러질 수 있다면 그것은 우리 사회가 정상적이지 않은 거고, 그러한 비정상적인 인권 침해가 사실은 우리한테도 그대로 영향을 준다고 생각을 해야 합니다. 그들에게만 발생하는 일이 아니죠. 사실은 몸의 어떤 한 군데가 썩어 있으면 거기만 썩는 게 아니고, 균이 다 퍼져서 건강해 보이는 것 같은 부위도 사실은 다 영향을 받는 것처럼. 우리가 그거를 완벽하게, 그런 일들이 없도록 치유할 수 있다면 우리 몸이 건강해지는 것처럼 우리 사회도 건강해질 거라는 생각을 해야죠. 그런 거를 우리가 용인해서는 안 된다는 거예요. 그런 거를 이야기 하고 싶었죠.

【2016년 9월에 논의했던 다른 후보들】

— 퇴사학교
한국의 왜곡된 청년 취업 시장 구조를 보여주는 상징이다.

— 취업 준비생 65만 명 중 40%인 26만 명이 공시족인 현상
한국의 산업, 노동, 복지, 교육 등 거의 모든 문제가 집약된 모순

덩어리임을 나타내는 지표이다.

— 백남기 청문회에 등장한 증인 가림막

— 지진으로 난간석 내려앉은 경주 다보탑

— 최은영 전 한진 회장의 눈물

— 여성민우회의 '포스트 잇 거리액션' 캠페인

— 마이클 무어의 다큐 〈다음 침공은 어디〉

SNS 해시태그운동 '#그런데최순실은?'

김주언

#그런데최순실은?

NCCK 언론위원회가 10월의 「(주목하는)시선 2016」으로 선정
했던 '그런데최순실은' 해시태그 운동은 우리 사회가 안고 있는 비
정상적 권력의 모든 문제점을 상징한다는 데 의미가 있었다. 우리
사회를 휩쓸었던 박근혜 정부의 권력형 비리의혹을 모두 함축하고
있는 것이다. 박근혜 전 대통령의 비선실세로 일컬어졌던 최순실을
둘러싼 각종 의혹은 단순한 권력형 비리사건이 아니라 우병우 전
민정수석의 비리의혹, 미르재단과 K스포츠 재단의 설립과정과
800억 원에 이르는 기금모금 과정에서 나타난 권력 남용과 자본과
의 유착을 그대로 보여주었기 때문이다.

여기에 최순실의 딸 정유라의 이대입학과 학점취득 과정에서

나타난 이대 일부교수의 빗나간 지식인의 허상마저 그대로 보여준다. 최경희 총장이 사퇴하는 이대 초유의 사태가 빚어지기는 했지만, 일부 교수의 사이비적 빗나간 행태는 우리 사회의 최고 지식인으로 꼽히는 교수사회의 실상을 반증한다고 할 수 있다. 이는 최근 국가폭력으로 사망한 농민 고 백남기 씨 사인을 둘러싼 전문가로 불리는 서울대 의대교수의 무책임하고 후안무치한 행태를 고스란히 빼닮았다.

도대체 최순실은 누구인가. 아무 직함도 없는 그가 어떻게 막강한 권력을 휘두를 수 있었을까. 잘 알려져 있다시피 최순실은 '유신정권의 라스푸틴'으로 꼽히는 최태민 목사의 딸이다. 그는 아버지의 뒤를 이어 박 대통령에게 '영혼의 친구'인 것으로 알려져 있다. 박 대통령이 말하는 진실한 사람의 이상적 모델이 아마도 최순실이었을지도 모른다. 그래선가. 2년 전 최 씨의 전 남편이었던 정윤회 씨의 권력 개입 의혹으로 빚어졌던 '십상시 문건' 사건도 흐지부지되어버렸다.

특히 당시 이 사건을 권력에 유리하게 무마시켰던 우병우 전 정무수석이 권력의 정점에서 꿋꿋하게 버티고 있었던 것도 이와 무관치 않다. 우 전 수석은 수많은 비리 의혹에 시달려왔지만, 소위 '셀프수사'란 방호막 뒤에서 권력을 지켰다. 우 전 수석을 최순실이 추천했다는 언론보도와 맞닿은 부분이다. 우 전 수석 아들의 특혜의혹에 대한 경찰의 기상천외한 해명 '코너링을 잘해서'도 공직사회가 권력의 입김에서 자유로울 수 없음을 반증한다.

최순실 해시태그 운동은 우리 사회의 여론을 선도하는 매체로서의 SNS 위력을 다시 한 번 보여주었다. 공영방송 등 주류매체의 영향력이 감소했음을 의미하기도 하지만, 권력에 장악된 공영방송 등 보수 언론의 일그러진 모습을 국민이 널리 인지하고 있음을 단적으로 보여주는 사례이기도 하다. 주류언론의 축소보도와 왜곡, 무시 등으로 자칫 최순실 게이트마저 묻혀 버릴 것을 우려하는 국민여론에 불을 당기는 역할을 했기 때문이다. 주류 미디어가 의도적이거나 비의도적으로 무시하는 정치이슈에 대해 적극적 참여와 공유, 연결을 통해서 이슈를 생성하고 유포하여 강화시키는 정치적 저항의 의미를 띠고 있다.

세월호 참사와 메르스 사태, 가습기 살균제 사건 등 그동안 우리 사회를 뒤흔들었던 사건들처럼 잊혀서는 안 된다는 여론운동이다. 중학교 2학년생이 청와대에 보낸 편지가 우리 사회에 경종을 울렸던 것도 이와 무관치 않다. 이 학생은 "왜 박근혜 대통령님에게 '도덕성'이 부족한지를 알려드리겠다"라며 사례로 열거한 8가지 사건사고를 잊어서는 안 된다는 다짐과도 닮아 있다. 이 편지는 "정치를 외면한 가장 큰 대가는 가장 저질스러운 인간들에게 지배당한다는 것이다"는 플라톤의 시구로 끝을 맺는다.

해시태그 운동의 경과

'그런데최순실은?' 해시태그 운동은 놀이처럼 즐겼지만, 전투처럼 치열했고 염원처럼 간절했다. 당시 목숨 걸고 최순실 의혹을 덮으려던 정부여당의 의도에 맞선 시민의 이슈 살리기 운동이었기 때문이다. 트위터 사용자들의 장난기로만 보였던 운동은 커다란 영향력을 끼쳤다. 결과는 우리 모두가 아는 대로다. 이러한 작은 움직임이 주는 의미는 매우 크다. 굳이 신문과 방송 등 주류매체의 보도가 없어도 시민의 자발적 노력으로 이슈가 확산되고 여론을 움직일 수 있다는, 변화와 가능성을 확인하게 된 계기였기 때문이다. 기존 미디어가 미덥지 못한 대중은 SNS 등을 통해서 언론의 대안적 자리를 마련해가고 있었다. 아마도 언론만 몰랐거나 알아도 아는 체 하지 못할 뿐이었다.

김형민 SBS CNBC PD가 시작했다. 김PD는 SNS에 글을 올린 뒤 아무 맥락 없이 '#그런데최순실은?' 해시태그를 붙이자고 제안했다. 그는 "김제동이 거짓말을 했네, 안 했네가 이슈가 되면서 교문위에서 최순실, 차은택을 증인으로 부르자는 걸 여당이 결사거부한 사실이 묻히고 있다"고 적었다. "김제동이든, 백남기 농민 사인 공방이든, 이정현 단식이든 지금 정부 여당의 모든 관심은 최순실 가리기가 아닐까"란 문제의식이 출발점이었다.

김 PD는 댓글에 "동의하시면 실행에 옮겨 달라, 지금 정부 여당은 별별 이슈를 다 생산하고 그를 통한 프레임 짜기에 혈안이 된

김형민
어제 오전 8:34 · 🌐

앞으로 모든 포스팅 끝에 '#그런데최순실은 ?'붙이기 운동 제안합니다...

김제동이든 백남기 농민 사인 공방이든 이정현 단식이든 지금 정부 여당의
모든 관심은 "최순실 가리기"가 아닐까 해서요..... 김제동이 거짓말을 했네
안했네가 이슈가 되면서 교문위에서 최순실 차은택을 증인으로 부르자는 걸
결사거부한 사실은 묻히고 있으니까요......

#그런데최순실은

'#그런데최순실은' 해시태그 달기의 원조 김형민 SBS CNBC PD
의 페이스북

걸로 보인다"는 의견을 덧붙였다. 그러자 김 PD의 페이스북 친구들
이 댓글과 페이스북 게시글에서 '#그런데최순실은' 해시태그 달기
에 동참하기 시작했다. 더불어민주당 조응천 의원이 "님의 펄떡이
는 아이디어에 경의를 표합니다"라며 '#그런데최순실은?'이라는
글을 올리며 동참했다. 박원순 서울시장도, 가수 이승환 씨도, 배우
김의성 씨도 참여했다.

이 운동이 확산된 건 노컷뉴스에서 처음으로 "모든 게시물에 '#
그런데최순실은' 붙입시다"라는 제목의 기사를 출고하면서다. 페
이스북과 트위터 등으로 빠르게 확산됐다. 다음날 한겨레신문에서
도 비슷한 기사가 출고됐다. 새로운 참여운동이 확산 되고 있다는
내용이 추가됐고 확산속도는 엄청났다. 이렇게 해시태그 '#그런데
최순실은' 달기 운동이 SNS에서 급속도로 확산된 것이다. 박근혜
전 대통령이나 청와대, 새누리당, 정부 비판에 소극적이던 사람들
도 해시태그 달기에 관심을 나타냈다. 해시태그가 뭔지도 몰랐던
사람들이 해시태그 달기에 관심을 보였다.

대수롭지 않게 느껴졌던 그의 제안은 순식간에 번져나갔다. 일종의 놀이로서, 진실을 밝혀달라는 '주술'처럼 번져나갔다. 이후 '#나와라최순실' '#하야하라박근혜' '#게다가차은택은?' '#그리고우병우는?'으로까지 진화해서 해시태그 운동이 확산됐다. 트위터와 페이스북 사용자들은 게시글 말미에 아무런 맥락 없이 달며 불의를 향한 '연대'를 갖기 시작했다. 최순실을 꼭꼭 숨기기 위해 새누리당이 꺼내든 송민순 회고록 '북풍몰이'와 박 전 대통령이 꺼내든 회심의 개헌 카드에도 언론이 최순실 국정농단 보도를 이어갈 수 있었던 힘은 해시태그 운동 덕분이었다.

해시태그는 언론인들에게 최순실 취재를 적극적으로 하라는 응원과 압박으로 전달됐다. 시민이 모든 글에 해시태그를 붙이며 끈질기게 이슈를 부각시켰다. 언론은 이에 힘입어 지속적 보도에 나설 수 있었다. 서울 시내 곳곳에선 '#나와라 최순실' 현수막이 달렸고, 어느덧 시민은 촛불을 들고 광장에 모였다. 행동에 나서기 주저하던 시민을 거리로 이끈 매개 역할을 했다.

뉴스 수용자인 시민은 온라인 공간에서 하나의 광장을 형성하며 최순실 국정농단에 대한 분노를 표출했다. 그리고 자신이 보고 싶었던 기사를 적극적으로 읽고 공유했다. 신문사의 웹 방문자수와 페이지뷰는 최순실 국정농단 국면 이후 크게 뛰어올랐다. 랭키닷컴이 9월 24일~9월 28일 집계한 경향, 국민, 동아, 서울, 세계, 조선, 중앙, 한겨레, 한국 등 9개 종합일간지의 페이지뷰는 9월 17일~9월 21일에 비해 평균 1.7배 높게 나타났다. 최순실 관련 보도에 가장 적극적이었던 한겨레신문과 경향신문이 각각 2.5배, 2.4배로 높았다.

시민은 언론보도에 공유와 패러디로 화답했다. 블라디미르 푸틴 러시아 대통령이 무당에 대한 설명을 듣는 장면을 담은 이미지는 수십만 번 공유됐고, 최순실 국정농단을 풍자한 '헬조선 신계급도' 역시 큰 인기를 모았다. 한국의 권력 서열이 무당(최순실) → 무당의 가족(정유라) → 무당의 측근(차은택) → 왕족(박근혜) → 귀족(이건희) → 정치인·관료 → 법조인 → 공무원→ 개·돼지(시민) 순이라는 내용이었다.

최순실 게임도 등장했다. '순실아 빨리 와'란 게임은 최 씨가 말을 타고 도망가며 덫을 피하는 스토리였다. 대통령 연설문을 어떻게 빨리 작성하는가를 가지고 점수를 매기는 '최순실 게임'도 나왔다. '프린세스 메이커'란 게임을 패러디해 최순실 씨가 박근혜 대통령의 옷을 고르는 장면도 회자됐다.

대학생들의 저항방식도 기발했다. 한국예술종합학교 학생들은 대통령 하야를 촉구하는 '시굿선언'을 기획해 눈길을 끌었다. 민중가요 대신 재기발랄한 선언문과 굿을 하는 풍자 장면으로 눈길을 끌었다. 한국외국어대학교는 시국선언문을 9개 언어로 발표하는 재치를 보였다. 정유라 씨의 특혜 논란으로 시끄러웠던 이화여대 학생들은 '달그닥 훅'과 같은 재치 있는 피켓으로 권력을 비판했다. 온라인선 오늘의 국정농단을 고전소설에 빗대 쓴 연세대 학생의 '공주전'과 고려대 학생의 '박공주 헌정시'가 화제를 모았다. 영화에

서나 볼 법한 초현실적 국정농단 앞에서 시민이 택한 저항 방식이
었다.

해시태그 운동이 불러온 혁명

'그런데최순실은?' 해시태그 운동은 기발하지만, 커다란 노력이
필요 없으며 위험도도 낮기 때문에 SNS 이용자들의 동참과 열광으
로 커다란 호응을 얻었다. 특히 이번 운동은 과거의 해시태그 운동
과도 다르다. 이전에는 총기 난사나 IS테러 등에 슬픔을 표시하면
서 동조하는 글을 올리면서 해시태그를 달았으나 이번에는 최순실
의혹과는 관계없는 글을 올리면서도 해시태그를 달았다. 일상에서
도 최순실 의혹을 잊지 말고 계속 기억을 상기하자는 운동이기도
하다.

시민은 진실이 묻히고 있다고 보고 어떤 식으로든 행동에 나서
야겠다고 생각했다. 박근혜 전 대통령을 비판하는 데 소극적이던
사람들까지 관심을 가졌다. 단순히 진영논리에 의해 참여가 이뤄진
것이 아니라는 반증이다. 해시태그 운동은 자기만의 방식으로 사회
참여를 하고 정치운동에 나서는 형태이기도 하다. 소극적 의사표현
방식이지만, 기존 매체를 능가하는 영향력을 갖출 수 있는 것이다.

최순실 의혹이 SNS를 통해 빠르게 생산 유포된 것은 주류 언론
이 침묵하거나 눈을 감았기 때문이다. 이에 시민이 적극적 참여와

공유를 통해 이슈가 사그라들지 않도록 불쏘시개 역할을 했다. 시민의 소리 없는 정치적 저항이었던 셈이다. 청와대와 정부 여당이 최순실 의혹을 덮으려 해도 결국 터져 나올 수밖에 없었다. 물 타기, 의도적 회피, 어물쩍 수사 등으로 가려질 일이 아니었다.

　해시태그 운동은 JTBC의 태블릿PC 보도와 이어진 박 전 대통령의 기자회견으로 폭발력을 일으켰다. 촛불항쟁과 특검 수사, 국회의 탄핵소추, 헌재의 파면 결정으로 이어졌다. 끝내 박 전 대통령의 구속, 그리고 대선에서 문재인 대통령의 당선과 정권교체로 이어진 한국 사회의 혁명적 변화를 가져오는 계기가 되었다. 단초는 사소했으나 결과는 막대한 움직임이었던 셈이다.

해시태그 운동이 번진 이유

　해시태그 운동은 매체환경의 변화에 따른 자연스러운 현상으로 볼 수 있다. 사회운동을 유도하고 간편한 방법이어서 참여하기 쉽지만, 동시에 실질적으로 아무것도 해결하지 못하는 한계도 갖고 있다.

그동안 시민은 댓글이나 게시글을 통해 의견을 표시하는 경우는 많았지만 이슈들을 지속적으로 추적하고 다시 관심을 불러일으켜 또 다른 사회적 이슈로 만드는 작업은 별로 없었다. 해시태그 운동은 기성 언론이 놓치고 있는 문제점을 깊이 파고들고 다시 상기해주는 긍정적 역할을 했다. 집회나 서명처럼 적극적 사회운동으로 이어지지 않는 사소한 운동이지만 젊은 층에겐 사회운동에 참여한다는 데 의미가 있다.

특히 '그런데최순실은?' 해시태그 운동은 최순실 의혹과는 관계없는 글을 올리면서도 '#그런데최순실은?' 해시태그를 다는 방식으로 이뤄졌다. 게시글과 전혀 관계없는 해시태그가 붙는 새로운 양상이다. 일상에서도 최순실 의혹을 잊지 말자는 딱 한 가지 목적 때문이었다. 잊지 않기 위해 기억을 상기시키겠다는 목적에 충실하다 보니까 해시태그의 내용과 SNS에 올리는 게시글이 조응할 필요는 없어진 것이다.

실제로 당시 국정감사 최대 현안은 미르재단과 K스포츠재단 의혹이었다. 그러나 새누리당의 전방위적인 증인 채택 거부로 제대로 규명되기 어려울 처지에 놓였다. 여야가 합의한 미르·K스포츠 재단 의혹 관련 증인은 4개 상임위원회에서 총 8명에 불과했다. 최순실 씨와 광고감독 차은택 씨 등 핵심 증인은 모두 빠졌다. 새누리당 이정현 대표의 단식에 이어 김제동 씨 영창 발언이 이슈화하면서 우병우 민정수석과 최순실 관련 의혹들은 뒤로 밀렸다.

저항 방식도 바뀌었다. 대부분의 주류 언론이 최순실 관련 의혹을 묵살하니까 SNS 이용자들이 여기에 반발 내지 저항하는 수단으로 해시태그 달기 운동에 동참한 것이다. 주류 언론이 의도적이거나, 비의도적으로 무시하는 주요 정치이슈에 대해 시민이 적극적 참여와 공유, 연결을 통해서 이슈를 생성, 유포, 강화시키는 정치적 저항의 의미를 띠고 있는 것이다. 잊혀지거나 사회적으로 주목을 끌지 못하는 이슈를 다시 이슈화하기 위한 방법으로 SNS에서 할 수 있는 '소극적 정치 참여 운동'인 셈이다.

해시태그 운동은 손쉽게 동참할 수 있는 운동이기도 하다. 집회에 참석하거나 시위에 동참하기 위해서는 시간적 물리적으로 많은 노력을 필요로 하지만 해시태그 운동은 그럴 필요가 없다. 적극적으로 집회에 나갈 수 없거나 꺼려하는 사람들이 마음속으로는 문제가 있다는 생각을 갖고 있던 사안에 대해 소극적으로나마 자기 의사를 표현하고, 자기만의 방식으로 사회 참여를 하는 형태이다.

과거에는 주제와 벗어난 얘기를 하면서 해시태그를 달면 '왜 생뚱맞은 걸 올리냐'는 핀잔을 받기 십상이었다. 그러나 오히려 그런 것들이 용인되고 자연스러워지는 새로운 양상을 보였다. 최순실 관련 의혹에 대한 명확한 의견을 정리하여 글을 쓸 필요 없이 아무 글에나 '#그런데최순실은?'을 달 수 있기 때문에 쉽게 참여할 수 있는 것이다.

1970~80년대에는 주로 집회나 거리시위에 동참해 구호를 외

치는 방식이었고 대자보와 유인물이 사회적 이슈를 확산시키는 도구였다. SNS가 활성화하기 전에는 '제목에 말머리달기 운동', 블로그에 공통배너를 다는 방식, 세월호 참사 때는 노란색 리본 달기 방식으로 진화했다. 이제는 온라인이 활성화하면서 해시태그 달기로 자신의 의사를 표현하는 것이다. 환경 변화에 따라 미디어의 특화한 방식으로 특정 이슈와 관련해 동일한 의사를 가진 사람들을 모으고 이슈를 온라인으로 확산시키는 행동방식이다. 참여 비용이 적고 생활공간에서 사회문제에 개입하기 손쉬운 점도 특징이다.

또 다른 해시태그 운동

한국에서는 그동안 이렇다 할 해시태그 운동 사례를 찾기 힘들었다. '#먹스타그램', '#럽스타그램', '#애스타그램' 등 먹방, 연애, 육아 등 특정 주제를 중심으로 운영되는 인스타그램에서 주로 사용돼 왔기 때문이다. 그러나 '그런데최순실은' 해시태그 운동은 국민 모두의 궁금증이 되어 변형된 해시태그가 쏟아졌다. '#나와라최순실', '#하야하라박근혜', '#가자광화문으로' 등이 그것이다. 해당 문구는 그대로 피켓과 현수막으로 옮겨져 도심 곳곳을 뒤덮기 시작했다.

다른 형태의 해시태그 운동도 등장했다. 해시태그를 통해 사회문제를 기억함과 동시도 애도하기 위한 해시태그 운동도 있다. '#세월호를잊지마세요' 운동은 세월호 사건에 대한 관심을 잃지 말자는 의도에서 시작된 운동이다. 피해자들과 유족에 대한 애도의 의미도 담고 있다. '#문화계_내_성폭력' 해시태그도 트위터를 달구었다. '#오타쿠_내_성폭력'을 당했다는 한 네티즌의 고백은 '#문단_내_성폭력', '#미술계_내_성폭력', '#영화계_내_성폭력' 등 문화계 전반으로 번지면서 폭발력을 얻었다. 문단에서는 박진성, 배용제, 이이체 등 가해자를 실명으로 지목한 고백이 이어졌다. 이어 서울예대에는 황병승 시인을 고발하는 대자보가 붙고, 송승언 시인이 해당 시인들의 시집을 출판한 문학과지성사에 "죄질이 악한 시인들을 제명시켜, 시인선의 빈 구멍들을 반성과 치욕의 사례로 두십시오"라고 공개서한을 보내는 등 오프라인 움직임도 일었다.

해외의 해시태그 운동

해시태그는 게시물의 분류와 검색을 쉽게 하기 위해 만든 표시였다. 2007년 트위터에 도입돼 페이스북과 인스타그램 등 소셜미디어로 영토를 넓혔다. 해시태그가 사회운동을 만난 것은 2010년 '아랍의 봄' 사태 때다. 튀니지 반정부 시위에서 시작해 이집트 리비아 등으로 건너간 민주화 물결인 만큼 '튀니지(#Tunisia)', '이집트(#Egypt)' 같은 국가명이나 '시위(#protest)' 같은 간단한 단어 형태로 사용됐다.

2011년 3월 발생한 동일본 대지진이나 9월 뉴욕 월가 시위 때부터는 '일본을 위해 기도합니다(#PrayForJapan)', '월가를 점령하라(#OccupyWallstreet)' 등 문장형 해시태그가 등장하기 시작했다. 하나의 메시지를 보다 많은 이들에게 압축적으로 전달하는 방식이다. 대형 참사를 겪은 이들에게 위로를 전달하는 방법이자, 사회적 움직임을 제안하는 구호라는 새로운 쓰임새가 생겨난 셈이다.

프랑스 파리에서 연쇄테러로 많은 인명 피해가 발생하자 세계적으로 희생자들에 대한 애도의 뜻을 담은 '#prayforparis' 운동이 벌어졌다. 2014년 나이지리아에서 270명가량의 여학생들이 이슬람 무장 단체에 의해 납치됐을 때에는 미국 전 대통령 부인 미셸 오바마가 '여학생들을 돌려보내라'는 뜻의 '#BringBackOurGirls' 운동을 펼치기도 했다. 프랑스 주간지 샤를리 에브도를 상대로 한 테러가 일어났을 때도 '테러에 저항하고 희생자들과 연대한다'는 의미가 담긴 '#JeSuisCharlie(내가 샤를리다)' 운동도 전세계적으로 일어났다. 미국 연방대법원이 동성결혼 합헌 판결을 내리자 이를 자축하기 위한 '사랑이 이긴다(#LoveWins)'처럼 인종·성 차별 같은 이슈를 만날 때마다 힘은 더욱 커져왔다.

미국 일간지 워싱턴 포스트에 따르면 가장 많이 사용된 해시태그는 '퍼거슨(#Ferguson)'이다. 2014년 8월 9일 미주리의 소도시 퍼거슨에서 비무장 흑인 청년 마이클 브라운이 백인 경관의 무차별 총격에 의해 살해된 뒤 무려 2,720만 번이나 타임라인에 등장했다. 2013년 7월 10대 흑인 청년 트레이번 마틴을 살해한 백인 자경단원 조지 지머먼이 무죄 평결을 받으면서 시작된 '흑인의 생명도 소중하다(#BlackLivesMatter)'는 아예 상시적인 캠페인으로 자리 잡았다.

댓글 달기와 문자 항의

해시태그 운동과 비슷한 움직임으로 꼽을 수 있는 사례가 댓글 달기와 문자 항의이다. 댓글 달기는 2012년 대선에서 국정원의 불법선거운동으로 악용된 사례가 위험성을 잘 보여준다. 최근에는 이른바 '문자 폭탄'이 새로운 정치운동으로 자리 잡았다. 최근 국회 인사청문회에서 일부 야당의원들이 문제를 제기해 많은 논란을 낳았다. 문제가 된 정치인에게 불특정다수의 시민들이 수만 통의 문자를 쏟아내는 현상이다. 시민의 정당한 의사표현을 폭탄이나 테러로 몰아가는 것은 교정돼야 한다.

정치인, 국민에 의해 선출된 국회의원들이 자신을 뽑아준 민의를 향해서 폭탄이니 테러니, 차마 해서는 안 될 험한 말들에 혐오와 증오를 드러내는 것은 자살행위나 다름없다. 표를 구걸할 때는 존경하는 시민이고, 항의할 때는 테러리스트라니…. 정치인들이 '내로남불'(내가 하면 로맨스, 남이 하면 불륜)의 이중 잣대를 즐기는 부류라지만 너무 나간 것이다. 하지만, 욕설이나 협박, 위협, 혐오 표현은 오히려 역작용을 가져올 수 있다.

시민의 의사표현은 트위터나 문자 항의만 있는 것이 아니다. 특별한 경우가 아니라면 보기 어려운 정치인들의 후원금 계좌가 가득 채워지는 일들을 무수히 만들어냈다. 굳이 거창한 출판기념회를 열지 않고도 의정활동만 제대로 하면 시민은 기꺼이 유리 지갑이라도 열어 정치인을 후원하고 있는 것이다.

이렇듯 정치인들을 향한 시민의 적극적 의사표현은 촛불운동을 통해 비로소 간접민주주의의 단점과 결점을 극복했다. 이를 통해 지속적 시민운동으로 발전할 이유와 의지를 밝혔다. 시민은 대선 후에도 자발적으로 팔로잉 운동이나 당원 가입 등 다양한 방법을 통해 조직되지 않은 조직력을 발휘하고 축적하고 있다.

해시태그 운동의 기원과 문제점

해시태그는 SNS 등에서 특정한 주제나 내용을 담은 내용을 쉽게 찾을 수 있도록 하는 방식이다. 넘버 사인(#, 해시)을 사용한다. 1970년 처음 사용됐다. 당시에는 프로그래밍 코드 등에서 사용됐다. 해시태그는 트위터에서 리다이렉트됐으나 페이스북, 인스타그램, 카카오스토리나 네이버 블로그에서도 쓰인다. 띄어쓰기는 _으로 대신하여 쓴다. 영어권에선 띄어쓰기 대신 각 단어들의 앞글자를 대문자로 바꾸어 태그 내용을 정확히 알 수 있게도 한다.

해시태그는 처음에는 광고나 캠페인, 이벤트를 벌일 때 사용됐다. 이용자들이 자신의 계정에 특정 기업 또는 브랜드와 관련된 해시태그를 단 게시물을 올리고, 기업이나 브랜드에서 소비자들의 흥미를 유발할 수 있을 것이라고 여겨지는 콘텐츠를 선별해 공식 페이지에 소개하고, 자신의 콘텐츠가 소개된 것에 흥미를 느낀 이용자들이 다시 이벤트에 참여하는 선순환이 일어나는 방식이다. 해시태그는 프로모션이나 이벤트의 결과를 모니터링할 수 있다는 장점이 있다. 동일한 해시태그를 단 게시물들을 모아서 보여주기 때문이다.

그러나 해시태그 마케팅은 노출도가 높아 쉽게 공격의 대상이 될 수 있다. 기업이나 브랜드, 그리고 소비자들에게 마케팅 대상에 대한 창의적 다양한 의미를 부여할 수 있지만, 그만큼 쉽게 브랜드의 의도가 변질될 수 있는 단점이 있기 때문이다. 잘못 사용한 해시태그로 곤란한 상황에 처한다면 미디어에 관심을 끊게 하거나 원래 의도로 소비자들을 이끌어내는 등의 방법으로 문제를 해결해야 한다. 한때 해시태그 마케팅에 실패한 맥도날드는 트위터의 광고를 내리면서 해시태그를 이용한 부정적인 코멘트를 막았던 적이 있다.

해시태그는 사회참여의 방식으로 널리 쓰이기도 한다. 프랑스 샤를리 에브도 테러사건 이후 부당하게 희생당한 피해자의 편에 서서 가해자를 비판하는 용도로 사용됐다. 주로 "나는 ○○○이다"의 형태로 쓰였다. "나도 피해자와 같은 편에 서 있으니, 나도 죽여 봐라" 정도의 의미를 담고 있다. 테러 조직이나 권위주의적 정부, 정보기관, 가부장제 등이 비판의 대상이 된다. 그러나 2016년 니스 테러 당시 한 인스타그램 블로거가 "나는 지쳤다(je suis épuisé)"

라고 표현할 정도로 피로도가 커지고 있는 추세이기는 하다. 정치적으로 민감한 사안일 경우에는 팔로잉이 끊어지거나 늘어나는 기현상을 보이기도 한다. 같은 생각을 공유하는 사람들만이 모인 닫힌 사회를 형성하는 것이다.

해시태그가 짜증을 불러일으키는 경우도 있다. 모든 문장에 남발할 경우나 해시태그 기능이 없는 SNS에서도 작성자가 본문에 해시태그를 붙이는 경우 가독성을 떨어뜨릴 수도 있다. 해시태그를 이용하여 음란물을 유포하는 경우도 있다. SNS가 익명성을 갖춘 데다 규제가 어렵고 유포되는 속도는 매우 빠르다는 점을 악용한 것이다. 현재에는 성인인증제나 차단기능으로 저지한다.

해시태그를 통한 사회참여 운동도 문제가 있다. 자칫 "내가 도덕적으로 해야 할 일은 다 했다." "해시태그를 달았으니까 나도 사회를 걱정하는 깨어 있는 시민이다." 이러한 생각으로 이어져서 현실에서 사회를 바꾸고자 하는 실질적인 원동력을 저하시킬 수 있기 때문이다. 이는 '슬랙티비즘'(slacktivism)이라는 신조어로 통용된다.

【2016년 10월에 논의했던 다른 후보들】

― 중학교 2학년 학생이 청와대에 보낸 편지

플라톤의 시구(詩句)를 인용한 중학 2년생이 청와대에 보낸 편지는 권력의 존재 이유와 불통, 국민들의 밑바닥 정서를 상징한다.

— 서울대 레지던트가 남긴 메시지, "오직 진실만을 깨달으려 하세요"

외인사와 병사 논란을 바라보며 담당자가 남긴 메시지로서 언론과 권력의 폭력, 그리고 오늘 대한민국을 이끌어 가는 무책임한 전문가 집단의 후안무치를 단적으로 드러내는 사건이다.

— '코너링을 잘해서'

우병우 아들의 특혜에 대한 경찰의 기상천외한 해명으로서 모범이 되어야 할 공직사회가 얼마나 후안무치한지, 권력집단이 자행하면서 부패가 당연시되고 웬만한 사건에는 무감각해진 한국 사회의 단면을 단적으로 드러내는 말이다.

— 연극 〈김정욱들〉

쌍용차 옥탑 단식농성으로 현 노동운동의 상징인 김정욱에게는 투사의 모습뿐만 아니라, 나약한 인간, 아버지, 동료 등 다양한 인간의 모습을 한 김정욱 들이 있다. 현재 노동운동을 바라보는 사회적 시선과 정부의 무책임한 노동정책의 오늘을 성찰케 한다.

— 김영란 법과 예술계 블랙리스트

— 백남기 투쟁본부

— TBS라디오 '배칠수 전영미의 9595쇼'

두 얼굴의 언론

한홍구

두 얼굴의 언론

NCCK 언론위원회는 11월의 「(주목하는)시선 2016」으로 "두 얼굴의 언론"을 선정했다. "두 얼굴의 언론"은 특정한 기사를 지칭한 것이 아니라, 박근혜-최순실 국정농단 게이트의 실체가 막 알려지고, 촛불이 불붙기 시작한 엄중한 상황에 이르기까지 언론이 보인 두 가지 태도를 의미하는 것이었다.

이 당시처럼 사람들이 TV뉴스를 열심히 보고 신문을 샅샅이 읽은 적이 또 있었던가. 분명 2016년 11월 촛불 시위를 가져온 일등공신으로 언론을 꼽지 않을 수 없을 것이다. 일반인들이 전혀 듣도 보도 못했던 미르 재단이니 K-스포츠 재단이니 하는 것을 사태 초기에 끈질기게 물고 늘어졌던 한겨레, 이게 나라냐 라는 공분을 불

러온 태블릿 PC 공개 등 특종을 연달아 터뜨린 JTBC의 용기 있는
특종 보도, 그리고 조선일보를 욕하는 사람들도 인정하지 않을 수
없었던 취재력을 유감없이 보여준 TV조선 등이 없었더라면 오늘
의 촛불시위는 상상하기 어려웠을 것이다.

반면 KBS, MBC, SBS 등 공중파 언론은 존재감을 완전히 상실
했다. 세월호 사건 당시의 '기레기'에 이어 이번 박근혜-최순실 게
이트에서는 '최순실 언론부역자'라는 부끄러운 신조어가 또다시 나
돌게 되었다. JTBC 카메라맨들은 시민들이 다가와 같이 사진을 찍
자고 하는 반면, 공중파 방송의 사진기자는 카메라에 달린 로고를
떼고 취재할 정도가 되었다고 한다. 술자리에서는 그때 종편 못 만
들게 했으면 어쩔 뻔 했나는 소리마저 심심치 않게 들을 수 있었다.
언론의 중요성을 다시 한 번 절감하게 되는 때였다.

그런데 NCCK 언론위원회가 11월의 「(주목하는)시선 2016」으
로 "두 얼굴의 언론"을 선정한 데서 '두 얼굴'이란 이번 박근혜-최순
실 게이트에서 박수 받는 언론과 기레기로 지탄받는 언론 등 두 부
류를 의미한 것은 아니었다. NCCK 언론위원회는 박근혜-최순실
의 국정농단 사태의 싹을 미리 자를 수는 없었는가를 돌아보면서,
2007년 한나라당 대통령후보 당내 경선 당시 언론의 검증태도와
2012년 새누리당에서 박근혜가 대통령 후보로 선출되고 대선을
치르는 과정에서 보인 언론의 검증태도가 확연히 달랐던 사실에서
두 얼굴을 보았던 것이다. 작년 10월 말 JTBC의 최순실 타블렛 PC
보도 이후 연일 쏟아져 나오는 충격적인 보도를 보면서 사람들은

과연 이 사태를 사전에 막을 길은 없었던가 라는 회한으로 가득한 질문을 던지곤 했다. 도대체 2007년과 2012년 두 차례의 검증 기회가 있었건만, 검증의 책임을 져야할 언론과 정치권과 시민사회는 무엇을 했었던가? 2016년 11월 이후 언론과 방송을 도배한 최태민 관련 보도를 보면 사실 새로운 것은 거의 없었다. 그 내용은 거의 대부분 1990년 육영재단 분규 때나, 2007년 여름 당시 한나라당의 내부 경선 당시 이미 나왔던 것들이었다.

2007년의 최태민과 박근혜 검증

1990년대 초반 육영재단을 둘러싸고 박근혜, 박근영 자매의 갈등이 폭발했을 때 언론은 자매 갈등의 근원으로 최태민에 주목했다. 〈동아일보〉가 1990년 11월 23일 "근혜와 근영 사이 … 최태민 씨는 누구"라는 제목의 기사를 두 면에 걸쳐 게재하는 등 언론은 최 태민 문제에 관심을 기울였다. 〈중앙일보〉의 김진 기자는 연재물 "청와대비서실"에서 최태민 문제를 상세히 다루었고, 〈월간중앙〉 1993년 11월호에 실린 윤석진 기자의 "심층취재: 유신 붕괴 박정 희정권의 도덕성 시비 부른 박근혜-최태민 20년 커넥션"도 매우 풍부한 정보를 담고 있다. 조갑제의 〈내 무덤에 침을 뱉어라〉 역시 최태민에 대한 상세한 정보를 담고 있다.

2007년 한나라당 대통령후보 경선 과정에서 박근혜 진영은 이 명박의 BBK의혹 등을, 이명박 진영은 박근혜와 최태민 관계를 집 중적으로 물고 늘어졌다. 당시 이명박 진영은 기존 언론의 취재에 서 한발 더 나아가 최태민의 의붓아들이자 영남대 입시비리의 핵심 이었던 조순제의 증언, 또 육영재단에 관계했던 김해호의 증언 등 을 확보하여 폭로했다. 특히 김해호는 박근혜가 육영재단 이사장을 할 당시 최태민의 31세 딸 최순실이 압구정동 등지에 수백 평의 토 지와 건물을 소유했고, 박근혜는 최태민, 최순실 부녀의 꼭두각시 였고, 최태민이 재단 요직에 자신의 친인척을 임명하는 등 전횡을 일삼았다고 증언했다(조선, 2007. 6. 18). 김해호는 이 증언으로 허 위사실 공표 등의 혐의로 구속되어 징역 1년을 선고(한국, 2007. 9. 19)받았지만, 이 증언은 모두 사실로 밝혀졌다.

2007년에는 언론도 한나라당 내부의 후보 검증청문회를 전후 하여 제기된 최태민 관련 의혹을 비교적 적극적으로 보도했다. 특히 2007년 7월 29일자 MBC 뉴스데스크는 박근혜와 최태민 관련 의혹에 대해 답변하는 과정에서 박근혜 후보가 최태민과의 사이에 숨겨놓은 아이가 있다는 의혹을 주장하는 자들에 대해서는 천벌을 받을 짓이라며, 아이를 데려 오면 DNA 검사도 받겠다고 격하게 반응하는 모습까지 여과 없이 내보냈다. 이른바 박근혜 출산설이 공중파 메인뉴스를 통해 안방에까지 전달된 것이다. 2016년 12월 7일 국회 청문회에서 최순실을 모른다고 잡아떼던 김기춘이 무너진 것도 최태민, 최순실 부녀의 이름이 언급되던 바로 이 후보검증청문회 앞자리에 김기춘이 앉아 있는 동영상 때문이었다.

그런데 출산설을 보도했다는 것이 그만큼 철저히 검증이 이루어졌다는 것을 의미하지는 않는다. 사실 출산 문제는 지극히 사적인 영역에 속하는 것으로 황색저널리즘의 추적 대상일지는 몰라도 대통령 후보의 자질과 관련한 공적인 검증 대상이라 할 수는 없다. 최태민 문제를 이런 식으로 박근혜와 최태민 사이의 남녀관계 차원에서 접근한 것은 최태민 사후 그 일가와 박근혜의 관계를 추적하는데 오히려 걸림돌로 작용했다고 할 수 있다. 결국은 정말 검증해야 할 것은 안 하고 황색 저널리즘식 흥미 위주로 흘러 버린 것이다. 또 박근혜가 한나라당 내부의 당내 경선에서 패배하자, 언론의 관심은 자연 박근혜보다는 후보로 선출된 이명박 쪽으로 쏠리게 되었다.

2012년의 최태민과 박근혜 검증

2007년도는 박근혜의 출산설까지 안방극장에 전달될 만큼 언론이 소재의 제약을 받지 않고 보도할 수 있었다면, 2012년도 대통령 선거에서는 후보에 대한 검증이 대단히 소홀히 이루어졌다. 새누리당의 친이계에서는 박근혜에 대한 부정적인 자료를 이미 2007년에 확보하고 있었지만, 결선을 앞둔 같은 당 후보를 괴롭히려 하지 않았다. 김문수 후보 진영에서 최태민과 박근혜가 나란히 앉아 있는 사진을 홍보영상에 삽입했다가, 김문수 후보가 박근혜 지지자들에게 멱살을 잡히는 곤욕을 치르기도 했다. 야당이나 진보 언론도 박근혜 후보의 5·16에 대한 인식이나 인혁당 사건 등에 대한 인식에 대해서는 일부 비판이 제기되었지만, 최태민 문제를 적극적으로 파헤치려 하지 않았다. 〈한겨레〉가 2017년 7월 18일 두 면에 걸쳐 최태민을 둘러싼 의혹과 최순실 등의 부동산 소유 실태를 보도한 것이 진보 언론에서는 거의 유일하게 집중적으로 최태민 일가에 대한 의혹을 다룬 것이라 할 수 있다. 진보 언론이나 야당이 최태민 문제에 지극히 소극적이었던 이유는 새누리당이나 수구 언론이 만든 최태민 문제를 거론하는 것 자체를 네거티브 공세로 보는 프레임에 갇혀 있었기 때문이다.

고백하건데 필자 역시 남들을 비판하고 있을 처지가 아니다. 당시 필자는 〈한겨레〉에 "유신과 오늘"이라는 연재를 하고 있었는데, 선거 전후 서너 차례 최태민 문제와 정수장학회, 영남대, 육영재단

문제를 제기한 바 있다.* 10월 이후 선거가 본격화된 이후 진보언론에서는 거의 필자만이 최태민 문제를 거론했다고 할 수 있다. 후회되는 것은 이 당시 필자도 더 강력하게 문제를 제기하지 못했다는 점이다. 우선 필자도 최태민에 대해서 특별히 아는 바가 없었다. 당시 필자가 최태민에 대해서 알고 있었던 것은 조갑제나 김진 등이 〈월간 조선〉이나 〈월간 중앙〉 등에 연재한 것을 통해 얻은 지식이 전부였다고 할 수 있다. 정수장학회에 대해서는 필자가 〈장물바구니 – 정수장학회의 진실〉이라는 책을 집필하면서 조금 연구한 것이 있었지만, 최태민에 대한 지식은 제한되어 있었고, 최순실에 대해서는 이름도 잘 모르는 처지였다. 필자는 정수장학회 문제를 다루면서 최태민 일가의 그림자가 영남대와 육영재단과 정수장학회에 뻗쳐 있다는 사실을 발견하고, 문제제기를 하긴 했지만, 단순히 지적하는 수준에 머물고 말았던 것이다.

---

* 이때 필자는 "과거 박근혜는 육영재단과 영남대에서 모두 측근들의 부정부패 때문에 이사장이나 이사자리에서 물러나야 했다. 육영재단과 영남대와 같이 국가기구와는 비교할 수 없이 작은 기관의 운영에서도 측근들이 박근혜의 눈을 피해 엄청나게 해먹었던 것이다. 불통의 리더십만을 보여준 박근혜가 과연 측근들의 호가호위를 억누르고 국정을 제대로 수행할 수 있을 것인가? 전횡을 일삼은 그 측근들의 대부분이 예나 지금이나 최태민이라는 근본을 알 수 없는 목사와 연결된 사람들이라는 점은 깊은 우려를 낳게 한다"고 지적했다. "인사가 망사, 딸이 아버지보다 한 수 위 – 박정희의 용인술, 박근혜의 용인술", 〈한겨레〉 2013년 2월 23일.

박근혜-최순실-최태민의 적폐: 정수장학회

박근혜-최순실 사태를 겪은 뒤 뒤늦게나마 과거의 잘잘못을 따지는 이유는 이 문제가 지나간 문제가 아니라 현재진행형일 뿐 아니라, 한국 언론의 대표적인 적폐로 지적되는 정수장학회 문제를 풀어나가는 과제와 밀접히 연결되어 있다는 점이다. 정수장학회는 잘 알려진 바와 같이 박정희가 1962년 김지태 회장의 소유의 한국문화방송, 부산문화방송, 부산일보 주식을 빼앗아 만든 5·16장학회가 박정희 사망 후 이름을 바꾼 것이다. 5·16장학회는 과거 한국문화방송의 주식 전량을 갖고 있었지만, 정수장학회로 바뀌면서 한국문화방송의 주식 70퍼센트를 떼어냈는데, 이 주식을 토대로 현재의 방송문화진흥회가 만들어진 것이다. 정수장학회는 현재 MBC 주식의 30퍼센트, 부산문화방송 주식의 65.5퍼센트, 부산일보 주식의 100퍼센트를 보유하고 있다. 박정희가 언론장악을 위해 벌인 인질강도극의 장물인 정수장학회를 정상화하는 것은 '엠빙신'으로 전락한 MBC를 바로잡는 데에서도 중요한 의미를 지닌다. 최태민 일가가 장악해 온 정수장학회를 바로 잡는 일은 단지 현재의 정수장학회 뿐 아니라, 방문진 구도 자체를 어떻게 볼 것인가 하는 문제를 제기하지 않을 수 없게 한다. 또한 지방지 중 최대의 발행부수를 자랑하는 부산일보도 2012년 대통령 선거 과정에서 홍역을 겪었는데, 정수장학회를 바로잡는 일은 정수장학회가 주식 전량을 보유한 부산일보, 지배주주인 부산문화방송은 물론이고, 30퍼센트의 주식을 보유한 MBC의 정상화에서 중요한 변수가 될 수 있다.

한국 사회의 민주화는 독재정권에 억눌렸던 한국 언론이 거듭날 수 있는 좋은 기회였다. 그러나 권력의 탄압과 간섭은 많이 줄어들었지만, 언론 자체가 권력화되었고, 7·8·9월 노동자 대투쟁 이후 한국 사회의 보수화에서 가장 두드러지게 보수화된 것이 조·중·동 등 주류 신문이라 할 수 있다. 한겨레 등 진보 언론의 출현으로, 기존의 보수 언론은 최소한도 약자들의 의견을 전달해야 한다는 코스프레조차도 할 필요가 없게 된 듯했다. 한국 사회의 민주화와 IT 기술의 발전은 언론 지형을 크게 바꾸어 놓았지만, 그 전개방향이 꼭 전향적인 것은 아니었다. 지금은 한국 사회가 촛불과 광장을 통해 새로운 변화를 모색하고 있다. 이 중요한 전환기를 우리는 어떻게 보내야 할 것인가? 특히 박근혜-최순실이 장악해 온 정수장학회가 보유하고 있는 언론사들의 비중을 고려해 볼 때 이 기회를 놓쳐서는 안 된다. 이번 기회를 놓친다면 MBC 등은 재생의 기회를 갖지 못할까 두렵다.

언론의 두 얼굴에 대해 대중들은 우리 사회의 격변기에 격하게 반응했다. 4월혁명 당시 대중들은 권력의 앵무새였던 서울신문사에 불을 질렀고, 광주항쟁 당시에는 시민들이 MBC와 KBS 사옥을 불태웠다. 반면 시민들은 1974~1975년 동아일보 광고탄압 당시 시민들이 줄지어 성원 광고를 보내주었고, 1987년 대선 패배 이후 대중들은 한겨레신문을 만들어내는 등 세계 언론사에서 보기 힘든 장면을 연출했다. 세월호 사건 이후 입에 담기도 민망한 '기레기' 라는 말이 나올 정도로 언론에 대한 신뢰는 땅에 떨어졌다. 진보 언론의 상황도 그다지 좋지는 않다. 최근 한·경·오에 대한 비판에는 단지 '문빠'들의 맹목적인 공격이라 볼 수 없는 대목이 분명히 있다. 두 얼굴의 한국 언론, 지금 우리 언론은 기로에 서 있다.

【2016년 11월에 논의했던 다른 후보들】

― 대통령의 7시간
진실과 거짓말, 국정농단, 국가의 롤, 리더십, 치유에 이르기까지 우리가 극복해야 할 전체를 상징하게 되었다. 과거와 현재, 미래를 한꺼번에 상징하기 때문에 단순히 세월호를 넘어서 반드시 밝혀야 할 시대의 과제로 삼는다.

― 다시 공영방송
공영방송이 왜곡과 편파 정도가 아니라 이제는 아예 민주주의의 저해 세력이 되었다. 김영한 비망록에 담긴 권력의 언론 장악, 자기영달에 조직을 팔아먹은 언론인… 공영방송을 다시, 어떻게 살릴 것인가.

― 홍성담의 〈똥의 탄생〉
홍성담이 최순실의 국정농단에 대한 그림을 그렸다. 문화계가 '우리 모두가 블랙리스트 예술가다' 퍼포먼스하는 비극의 시대, 다시 민주주의의 기본인 표현의 자유와 소통을 생각한다.

— 100만 촛불, 광화문, 시민, 5%

— 내부고발자들

박근혜-최순실 스캔들로 인해 연일 나라 안팎이 시끄럽지만, 이번 사태는 부패한 사회구조를 개혁할 수 있는 기회로 작용함으로써 한국 사회가 실질적인 민주주의 국가로 도약하는 계기가 될 수도 있을 것이다. 이러한 정치적 사회적 상황 전환의 계기는 내부고발 자들의 역할이 컸다. 언론사에 박근혜-최순실의 국정농단에 대한 자료를 제공한 건물 관리인과 공무원부터 실명으로 최순실과 그의 친인척이 베트남에서 저지른 외교 스캔들을 실명으로 고발한 외교관, 숨기려고만 하는 검찰과 경찰의 수사 상황을 언론에 제보한 내부자들, 비선으로 움직이는 대통령 비서실의 문제점을 고발한 내부자들, 차움과 서울대병원, 국군병원에서 발생한 비정상적인 의료행위를 고발한 의료인들 등이 한 사람 한 사람 한국 사회를 변화시키는 주인공들이다. 자칫 자신의 생존과 명예에 치명적인 상처를 받을 수도 있지만, 대의를 위해서 자신을 희생한 이들의 공익적 제보를 주목한다.

— 이화여대 학생들

130년 사학의 전통보다 평등하고 정의로운 대학과 사회를 요구하며 싸워온 이화여대생들의 투쟁이 박근혜-최순실 스캔들의 도화선이었다는 점을 고려하면, 이들의 대안적 항의와 학교의 압박과 경찰의 물리력에도 굴하지 않은 강한 의지는 10대부터 20대, 30대에 이르기까지 청년이 깨어날 수 있도록 씨앗이 되었다. 마치 척박한 땅에 떨어진 밀알처럼 옥토에 심어졌지만 곁가지만 무성한 잡초를 뽑아버리도록 만들었다. 특히 미래라이프대학으로 명명된 허울뿐인 자본의 굿판을 대학에서 쫓아내는데 앞장선 것도 다름 아닌 이화여대 학생들이었다. 이들의 시작은 매우 미약하고 미래가 불투명한 싸움이었지만, 이들이 켰던 촛불을 광장의 횃불로 지켜내고, 이제 전국을 사르는 들불이 되도록 이끌어온 노력에 주목한다.

청소년 행동[*]

김덕재

한국기독교교회협의회(NCCK) 언론위원회는 2016년 12월의 「(주목하는)시선 2016」으로 '청소년 행동'을 선정했다. '청소년 행동'은 현재 같은 이름으로 활동하고 있는 단체들을 지칭하는 것이기도 하지만, 기본적으로는 한국 사회에서 어둠이 빛을 가릴 때마다 앞장서서 정의를 위한 횃불을 점화시키는 불씨가 되어 온 청년 학생들의 활동 일반을 가리키기도 한다. 역사의 고비마다에서 '청소년 행동'이 밝힌 촛불은 빛이 사라진 세상에서 희망을 잃은 모두에게 어둠을 이길 수 있는 출구를 찾는 방향타가 되어주었다.

민족의 등불이 꺼졌다고 절망하던 일제강점기, 1919년 3월 1일 시작된 독립선언과 만세운동을 이끌었던 것은 전국의 청년 학생

---

[*] 이 글은 강화정·백은진, "'국정 교과서 반대 청소년 행동'의 활동과 청소년 활동가의 인식", 「역사와 교육」 제13호(2016)를 참고하였습니다.

들이었으며, 1929년 11월 3일 광주에서 시작된 항일의거도 일제에 맞서 중고생들이 일어선 '청소년 행동'이었다. 이 땅에서 민주주의를 부정하고 독재체제를 영구히 하려던 이승만 정권을 무너뜨린 4·19혁명의 주력도 청년 학생이었으며, 그 시작도 1960년 3월 15일 마산에서 시위 중 최루탄에 맞아 희생된 김주열 학생의 죽음이 촉발시킨 것이었다.

촛불의 기원

'청소년 행동'은 어둠이 이 땅을 덮을 때면 어김없이 다시 등장했다. 2002년 미군이 장갑차로 중학생이던 효순이와 미선이를 치어 죽인 사건이 벌어졌지만 한국은 한미주둔군지위협정(SOFA)에 의해 그들을 재판할 권한도 가지고 있지 않았다. 자기 땅에서 자기 권리를 주장하지 못한 국민들은 억울한 죽음 앞에서 촛불을 들고 광장으로 모여들었고, 그 선두에는 친구의 죽음에 분노하던 청소년들이 있었다. 21세기 한국 민주화운동의 새로운 흐름이자 아이콘인 촛불이 탄생하는 순간이었다. 첫 촛불은 효순이와 미선이의 영혼이 반딧불이 되어 하늘로 날아오를 수 있도록 함께 불을 밝혀주자는 인터넷 제안에서 시작되었다. 이후 광장에서 밝혀지기 시작한 촛불은 상처받은 모든 영혼이 치유 받을 수 있도록 세상을 밝히는 불씨가 되어왔다.

▲ 2002년 미군 장갑차에 희생된 효순이 미선이 ⓒ<레프트21>자료사진

2008년 4월 한미 쇠고기 협상이 합의됐다. 2003년 미국에서 광우병이 발생한 후 논란을 거듭하면서 수입 금지와 해제가 반복되어 온 미국산 쇠고기가 대폭 완화된 조건으로 대부분의 부위를 자유롭게 수입할 수 있게 된 것이다. 하지만 축산농가의 피해와 광우병 위험에 대한 국민들의 우려는 해소되지 않았고, 오히려 쇠고기 협상이 한미정상회담 일정에 맞춰 한국이 미국에 준 선물이라는 의혹이 팽배했다. 정부의 안이한 대응과 책임미루기, 불투명한 언사에 시민들의 불신은 깊어만 갔다.

처음 촛불을 들기 시작한 것은 여중생들이었다. 어린 여중생들이 자신들이 먹을 쇠고기를 미국산이 좋다며 멋대로 수입을 결정한 이명박을 독재정권이라고 규탄하며 촛불을 든 것이다. 학교를 마친 청소년들이 교복을 입고 가방을 든 채 청계광장으로 몰려들며 촛불

시위가 열리기 시작하자 시민들도 하나 둘 광장으로 모였고, 2008년 5월 2일 첫 집회 이후 연일 수백에서 수십만 명이 참가하는 집회가 이어졌다.

청소년들의 적극적인 행동은 엄마들을 움직이게도 했다. 자식의 미래를 걱정하는 엄마들이 아이들을 유모차에 태워서 촛불집회에 참석하는 '유모차 부대'가 된 것이다. 2002년 촛불이 광장의 공동체를 열었다면 2008년 촛불은 연대의 공동체를 열었다고도 할 수 있는 대목이다. 국민건강권마저 스스로 결정하지 못하는 정부의 무능에 분노해 일어난 촛불집회는 이후 100일 이상 계속되면서 집회의 쟁점도 광우병에서 교육 문제와 대운하 반대, 공기업 민영화 반대 등으로 점차 확대되어 갔다. 비록 당시 제기되었던 광우병 관련 의혹들이 다소 지나치다는 견해가 있기는 하지만, 당시 국민들이 주로 문제 삼았던 건 광우병 자체보다는 쇠고기협상에 대한 정부의 입장이나, 의구심을 표하는 국민을 대하는 정부의 자세였다는 점을 주목해야 한다. 또한 집회의 쟁점이 점차 다양한 사회문제로 확대되어 갔다는 점에서, 2008년 촛불은 당시 MB 정부의 불투명한 의사결정과 일방적인 정책에 대한 대중의 경고임에 분명했다.

세월호, 자각과 발언

2014년 4월 16일 오전, 진도 앞바다에서 아무런 설명 없이 "가

만히 있으라"는 어른들의 말에 따랐던 단원고 학생들은 세월호와 함께 바다 속으로 가라앉고 말았다. 그 시간 동안 전 국민은 그 참담한 모습을 실시간 방송을 통해 지켜보며 발만 굴러야 했다.

세월호 참사 희생자의 대다수는 안산 단원고에 다니던 청소년들이었다. 세월호 참사 이후 청소년들이 가장 앞장서서 무능한 정권과 부도덕한 사회, 비겁한 기성세대에 맞서 진실규명을 요구하는 촛불을 들었던 것은 어쩌면 당연한 일인지도 모른다. 정권의 억압과 사회의 무관심 속에서 고립돼 가던 유가족들 곁에 머물며 가장 오랫동안 함께 울어준 것도 246명의 벗을 잃은 청소년들이었다.

그러면서 변화가 시작되고 있었다. 또래 친구들이 어른들의 말만 믿다가 속절없이 물속으로 가라앉는 것을 지켜봐야 했던, 그 이후에도 책임을 미루면서 제대로 된 진상규명조차 하지 않는 현실을 지켜봐야 했던 이 땅의 청소년들에게 커다란 변화가 일어나고 있었다. 믿을 수 없는 기성세대와 제구실을 하지 못하는 국가가 청소년들이 사회를 비판적으로 바라보지 않을 수 없도록 만든 것이다. 정치와 사회를 보는 안목을 갖추게 되면서 청소년들은 스스로 자신들의 목소리를 내기 시작한다.

세월호 참사 363일째를 맞은 2015년 4월 14일, 광화문 '기억의 문' 앞에서는 〈청소년이 말하고 대한민국이 듣는다: 4·16 청소년 선언과 다짐〉 기자회견이 열렸다. 선언의 내용은

▲"청소년은 그 어떤 것에도 간섭받지 않고, 주체적인 삶을 사는

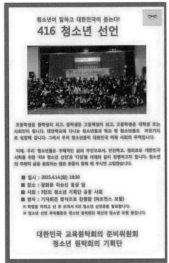

존재로 인정받아야 합니다" ▲"차별이 없는 사회를 만들어야 합니다" ▲"공평한 법을 만들고, 만들어진 법은 공평하게 집행되어야 합니다" ▲"모두를 위한 교육으로 바뀌어야 합니다" ▲"대학입시가 바뀌어야 합니다" 등이었다. 또한 '친구들과 경쟁이 아닌 협력을 하겠다', '함께 행복해지겠다', '선언과 다짐을 지키기 위해 스스로 노력하겠다' 등 청소년 자신들의 다짐도 밝혔다.

청소년 스스로 사회가 덧씌운 '미숙'하거나 '수동'적인 존재이기를 거부하고, 자신이 몸담은 사회의 차별과 불공평, 교육의 문제, 입시의 문제를 지적하고 나선 것이다. 거기에 스스로에 대한 다짐도 더해, 청소년 나름대로 교육과 사회가 변화해 갈 방향을 제시했다.

이렇게 전파는 다른 청소년들의 움직임이 많은 곳에서 포착되었다. 세월호 사태 1주기를 즈음하여 세월호 관련한 청소년들의 참여와 행동은 다양하게 이뤄졌다. 전국의 학교와 단체, 혹은 자발적인 모임을 통해 청소년들의 조직적인 발언이 쏟아졌다.

'국정교과서 반대 청소년행동'*

2000년대 전반에 걸쳐 뜨거웠던 국정교과서 논란이 다시 시작된 건 2013년이었다. 당시 교학사에서 제작한 역사 교과서의 내용 부실과 정치적 편향성이 문제가 되었는데, 학계와 교육계 모두 교학사 교과서에 비판적이었다. 이로 인한 논쟁이 벌어지는 와중에 교학사 교과서를 채택한 학교의 동문 및 시민단체들이 채택 철회 운동을 벌였다. 보수적인 일부 학교들은 좌파의 공세에 맞서 보수 교과서를 고수해야 한다는 입장을 보이기도 했으나, 수험생들의 시험 준비에 악영향을 끼칠 것을 우려한 학부모들의 반발로 대부분의 학교들은 교학사 교과서 채택을 철회했다. 학계의 비판과 교육 현장의 외면으로 교학사 교과서가 사실상 좌절되자 정부와 새누리당

---

* 2017년 3월 탄핵 결정과 5월의 대통령 선거로 정국은 급변하였다. 국정 교과서 정책은 신임 대통령에 의해 폐기되었고, 세월호는 인양되어 조사가 진행 중이다. '국정교과서 반대 청소년 행동'은 현재 '청소년행동 여명'의 이름으로 청소년 권리 확대를 위해 활동하고 있다.

은 교과서 국정화 쪽으로 방향을 돌렸다. 2014년 1월 8일, 여당인 새누리당이 역사 과목을 종전의 국정교과서 체제로 되돌린다는 입장을 밝히면서 국정교과서 논쟁은 재점화했다.

각계에서 반대 여론이 들끓고, 삽시간에 반대 서명자가 5만을 넘어섰지만 정부는 비공개리에 집필진을 선정하고 진행에 속도를 냈다. 수많은 학자, 사회단체가 반대의견을 피력했고, 청소년들도 행동에 나섰다. 청소년 자신들이 직접 학교에서 배우는 교과서 문제라 더욱 중요한 사안이기도 했다.

청소년들의 국정화 반대 첫 시위는 2015년 10월 11일이었다. 시위 주체는 '한국사 국정 교과서를 거부하는 청소년 모임'이었다. 이때부터 12월 26일까지 청소년들은 매주 토요일 '청소년 행동'의 이름으로 열두 차례에 걸쳐 시위를 이어갔다.

'청소년 행동'이 시위와 성명에서 주장한 내용은 다른 관련 단체나 시민단체의 논리와 크게 다르지 않았다. 크게 보면 같은 논의의 틀 속에 있었지만 '청소년 행동'에서만 확인되는 그들만의 문제의식도 분명히 있었다.

□ 정부는 교육정책을 만들거나 바꿀 때 학생들의 의견을 제대로 구한 적이 없고… 국정 교과서 역시 학생들에게 한 번도 물어본 적이 없다. 학생들은 시키는 대로 하는 존재가 아니다. 민주주의를 해치고 역사를 왜곡할 국정 교과서를 거부한다.

'국정교과서 반대 청소년행동'의 거리 시위(출처: 민중의소리)

(1차 거리행동)

▫ 청소년은 교육의 직접적인 대상자입니다. 교육 정책에 직접 영향을 받을 수밖에 없습니다. 자신에게 부정적인 영향을 미치는 정책에 반대하는 것은 민주주의 국가에서 국민에게 주어지는 당연한 권리이고, 우리 청소년도 예외가 아닙니다…. 우리에게는 더 나은 삶을 위해 행동할 권리가 있습니다. (4차 거리행동)

▫ 교육을 받는 주체로서 충분한 의사 결정을 내릴 수 있음에도 불구하고 이번 역사 교과서 국정화 논란에서 청소년들은 배제되었습니다. 정부는 역사 교과서 논란을 비롯해서 청소년들의 의견을 수용해야 한다고 주장하는 바입니다. (4차 거리

행동)

□ 헌법 1조 2항, 대한민국의 주권은 국민에게 있고⋯ 정부는
국민을 두려워해야 합니다. 우리 학생들도 대한민국 국민입
니다. 여기 모인 청소년들도 대한민국 국민이란 말입니다. (8
차 거리행동)

청소년들은 국정화 논의 과정에서 교육의 주체인 자신들의 의견
을 묻지 않았다는 점에 분명한 문제의식을 드러냈다. 정부의 교
육정책에서 그 주체인 자신들은 아예 배제되어 있었다는 것이
다. 이는 청소년 행동이 다른 문제에서도 가지는 일관된 문제의
식이기도 하다. 아울러 헌법 1조를 인용하며 주권적 국민으로서
의 청소년을 강조하고 자신들의 목소리를 귀담아들을 것을 정부
에 요구한 것 역시 논의의 주체로 인정받지 못하는 청소년들의
반발이라 볼 수 있다.*

'청소년 행동'의 활동 중 특별히 눈에 띄는 것이 두 가지 있다. 그
중 하나는 전국 13개 시도교육감에게 청소년의 표현의 자유에 관
한 공개질의서를 보낸 일이다. 공개 질의서는 정부의 국정화 방침
에 대해 청소년이 자신의 의견을 표현하는 것이 정당한 권리인가,
청소년의 표현의 장인 집회의 자유는 학교 안에서도 보장받을 수

---

* 강화정, 백은진, "'국정 교과서 반대 청소년 행동'의 활동과 청소년 활동가의 인식", 「역
사와 교육」 2016 제13호, 130-131.

〈2016-12〉 청소년 행동 _ 김덕재 ┃ 129

있는가, 이 같은 표현의 자유를 침해하는 일이 학교 안에서 일어난다면 문제라고 보는가 등 자신들의 권리, 그 중에서도 표현의 자유와 관련되는 내용이었다.

'청소년 행동'은 질의서에 응답한 8개 교육청의 답변서를 바탕으로 2015년 11월 14일 보도 자료를 발표했다. 답변을 보내온 교육청들은 청소년의 표현의 자유는 당연히 준수되어야 하는 기본적인 권리라는 견해를 밝혔다. 또한 국정 교과서 결정 과정에서 청소년의 의견이 반영되지 않고 학생들에게 수용만을 강요하는 것도 명백한 잘못이며, 청소년의 표현의 자유 보장을 위해 학교 인권조례 제정, 각급 학교에 인권적 교칙 운영을 위한 안내 등의 방안을 제시해 오기도 했다. '청소년 행동'의 교육감 공개질의는 국정화 반대 운동 과정에서 청소년의 권리를 확인하고, 동시에 국정화의 문제점을 교육감의 언어로 다시금 확인하는 계기였다.[*]

2015년 12월 12일 '청소년 행동'이 기자회견을 열어 발표한 내용은 자신들이 유엔 문화적 권리 분야 특별조사관에게 한국 정부에 역사교과서 국정화 방침 철회를 권고해 달라는 청원을 했다는 것이었다. 한국의 역사교과서 국정화 저지에 유엔이 나서줄 것을 호소한 것이다. '청소년 행동'은 2013년 UN보고서 「역사교육과 역사교

---

[*] 앞의 글 p.133

과서에 관한 문화적 권리 분야의 특별조사관의 보고서」에 주목했다.

이 보고서는 역사교육과 역사 교과서의 문제를 아동이 누려야 할 교육의 권리, 넓게는 문화적 권리로 인식하면서 역사교육과 교과서 문제에 관한 국제적, 보편적 기준을 제시했다는 평가를 받고 있는 보고서이다. '청소년 행동'은 청원서 첫머리에 해당 보고서를 언급하여, 한국 정부가 추진하는 국정화가 얼마나 국제적 기준과 배치되는지를 보여주려 했다.*

또한 청원서에는 역사교과서 국정화 과정의 문제점과 이로 인해 국민이 받는 피해, 정부가 저지른 위법사항 등이 담겨 있었고, 1,400여 명 청소년의 서명도 담겨 있었다.

국정교과서에 반대하는 청소년들의 행동은 삽시간에 전국으로 퍼져나갔다. 전국 각지에서 청소년들의 반대 성명과 시위가 이어졌다. 그런데 이 과정에서 주목할 대목이 있다. 국정화 반대 운동 과정에서 '청소년 행동'은 단체를 키우거나 연대체제를 만들기 보다는 운동의 확산에 중점을 뒀다. 일례로 국정 교과서에 반대하는 청소년들은 누구나 '청소년 행동'이라는 이름을 쓸 수 있도록 했다. 조직의 확대보다는 다양하고 자발적인 운동의 확산을 염두에 둔 매우 특징적인 전략이었다.

---

* 앞의 글 p.134

이외에도 '청소년 행동'이 역사 교과서 국정화 반대 운동 과정에서 보여준 모습은 문제의식에서부터 운동의 방향과 내용까지 청소년이 처한 상황에 맞게 자기 논리를 바탕으로 특유의 발랄함을 드러내고 있다고 보여진다.[*]

'청소년 행동'의 활동은 이후 다양한 스펙트럼을 보여준다. 2016년 1월 '청소년 기폭제'라는 이름의 시위를 벌였다. 이는 '국정 교과서 반대'를 포함해 '굴욕적 한일 위안부 합의 파기', '청소년 투표권 보장', '세월호 진실 인양'을 요구하는 시위였다. 다양한 문제를 제기하는 듯 보이지만 실은 국정 교과서 반대 운동에서 보여준 청소년의 권리라는 문제의식의 논리적 연장으로 보인다. 이는 결국 청소년의 투표권 보장과 참정권 확대 논리로 수렴하게 되는 것이다.

박근혜 퇴진 촛불집회로

청소년들의 국정교과서 반대 행동은 박근혜 퇴진 촛불집회로 자연스럽게 이어졌다. 제2차 촛불집회가 열리던 2016년 11월 5일 '국정교과서반대 청소년행동 vol.2'는 광화문 광장에서 시국선언을 가졌다. 모두 7개의 동아리와 3개의 고등학교가 참가해 시국선언문을 낭독했다. 이들은 "국정 교과서에 차은택 씨가 개입한 정황

---

[*] 앞의 글 p.135

이 확인되는 등 곧 공개될 국정교과서를 신뢰할 수 없으니 국정화를 철회할 것"과, "박대통령이 국회에서 추천한 총리에게 모든 권한을 넘길 것", "그럴 자신이 없으면 하야할 것" 등을 요구했다. 이때가 100만 명이 참가한 제3차 촛불집회보다 일주일 이른 시기라는 걸 감안하면 청소년들의 상황인식과 조직력이 얼마나 빠르고 정확했는지 알 수 있다. 2014년부터 본격화한 국정교과서 문제를 정부가 끝까지 밀어붙이면서 그 문제가 결국 촛불 국면까지 지속되었으니, '청소년 행동'의 문제의식도 국정교과서 사안의 핵심인 박근혜 대통령 퇴진으로 자연스럽게 이어진 것이다.

촛불집회 기간 동안 '청소년 행동'은 화제의 중심이었다. 촛불의 규모가 늘어나는 만큼 '청소년 행동'의 규모도 커져서, 언제나 집회의 큰 영역을 차지하고 있었고, 기성세대와는 달리 발랄하고 기지 넘치는 시위방식이나 피켓 문구는 눈길을 끌었다. 특히 많은 청소년들이 전국의 시위현장에서 자유발언을 통해 날카로운 문제의식과 깨어있는 시민으로서의 정체성을 잘 보여주면서 뉴스의 중심이 되기도 하고, 기성세대를 부끄럽게 만들기도 했다.

조직도 늘어났다. 전국적으로 수많은 조직이 결성돼 각 지역에서 촛불집회의 주축을 이뤘다. '청소년 행동'이라는 동일한 이름을 쓰는 수많은 집단 외에도 '박근혜 하야 청소년 공동행동', '청소년시국모임', '전국중고생청소년혁명' 등이 이름을 알렸다.

대학수학능력시험이 치러진 2016년 11월 17일, 서울 종로구 보신각 앞에서는 '고3집회'가 열렸다. 수능을 본 고3 수험생들이 대거 몰려나온 집회였다. 이 자리에서 한 학생은 "어른들의 투표로 이런 사달이 났는데 피해를 보는 것은 잘못 없는 청소년"이라며 기성세대를 성토했다. 이화여대에서 있었던 정유라 부정입학 사건을 염두에 둔 발언이었다.

또 다른 학생은 "이미 많은 친구들이 SNS 등을 통해 사회문제에 많은 관심을 갖고 있다. 18세라고 판단이 미숙하지 않다. 정치는 모든 사람이 관심을 가져야 한다. 청소년에게 선거권이 주어지면 그에 걸맞게 판단하기 위해 사회문제에 더 많은 관심을 갖게 될 것"이라고 했다. 청소년에게도 선거권을 줘야 한다는 주장이었다. 이러한 주장은 '박근혜 하야를 위한 부산 청소년 시국선언 추진 모임'의 성명서에도 나타난다. "청소년을 주체적이고 동등한 시민으로 인정하고 선거권과 정치적 발언권을 보장하라"는 것이다.

실제로 한국의 선거 가능 연령은 1948년 21세, 1960년 20세, 2005년 19세로 낮아졌지만 여전히 세계적 추세나 시대적 흐름에는 뒤떨어졌다. 전 세계 232개국 가운데 215개국, 약 93%의 나라에서 선거 가능 연령은 18세이다. 촛불을 거치면서 최근 '청소년 행동'의 권리 인식이나 참정권에 대한 자각은 향후 '청소년 행동'의 방향성을 예측할 수 있게 해준다. 그것은 곧 우리 사회가 정치사회 분야에서 새로운 모멘텀을 가지게 된다는 뜻이기도 하다.

2014년 세월호 사태가 있던 봄에서 2016년 겨울로 이어진 '청소년 행동'은 청소년 자신들이 처한 현실의 부조리를 타파하고 민주주의를 되찾아야 한다고 주장하기 시작했다. 여전히 광장에서는

국가	선거연령
오스트리아	16세(1개국)
그리스, 뉴질랜드, 네덜란드, 노르웨이, 독일, 덴마크, 룩셈부르크, 미국, 멕시코, 벨기에, 스웨덴, 스위스, 스페인, 슬로바키아. 슬로베니아. 아이슬란드, 아일랜드. 영국, 에스토니아, 이스라엘, 이탈리아, 일본, 체코, 칠레, 캐나다. 터키, 핀란드, 포르투갈, 폴란드, 프랑스, 오스트레일리아, 헝가리	18세(32개국)
한국	19세(1개국)

표 2 경제협력개발기구(OECD) 회원국 선거연령 (자료: 중앙선거관리위원회)

경찰이 발포한 물대포로 선량한 농민이 죽음에 이르고, 경찰이 방패를 들고 시민을 폭행하는 폭력이 난무하고 있었다. 그러한 공권력의 폭력을 이기는 힘은 그들로부터 권력을 되찾을 때 가질 수 있는 것이었다. 이것이 2016년 11월 13일 촛불을 든 '청소년 행동'이 '청소년혁명위원회'를 소집한 이유였다.

2016년 12월 '청소년 행동'은 현재의 미완상태인 '시민혁명', '주권자혁명', '민주주의 혁명'을 완결할 때까지 추동하는 힘이 되고자 한다. 20~30세가 된 2002년 촛불세대와 2008년 촛불세대가 2014~2016년 촛불세대와 결합하면서, 한국 사회는 4.19혁명 이후 지금까지 완성하지 못했던, 주권자가 주인이 되고 시민이 권리를 행사하는 진정한 민주주의 혁명을 향한 길로 가고 있다.

거대한 골리앗에 맞서 돌팔매를 들고 담대히 앞서 나가는 다윗과도 같이, 촛불을 치켜든 청소년들은 억압에 맞서 주권을 되찾기 위해 앞서고 있다. 지금 청소년들이 든 촛불은 횃불이 되고, 다시 들불이 되어 전국에 번지고 있다. 청소년 행동은 거짓 앞에 두려워 무릎 꿇지 않고 진실을 지키려는 용기를 가장 앞장서서 보여주고 있다.

또한 '청소년 행동'은 단순히 촛불을 밝히는데 머물지 않고, 사회를 변혁하기 위한 주장을 거침없이 토해내고, 주변을 중심으로 연대해 내는 거대한 동력이다. 그들의 담대하고 건강한 의식이 한국 사회에 다시 빛을 전해주고 있다. '청소년 행동'은 진실은 침몰하지 않고 거짓은 참을 이길 수 없다는 염원을, 아니 그래야만 주권회복이 이루어진다는 것을 행동으로 보여주고 있다.

이것이 한국기독교교회협의회(NCCK) 언론위원회가 2016년 12월의 「(주목하는)시선 2016」으로 '청소년 행동'을 선정한 이유이다.

【2016년 12월에 논의했던 다른 후보들】

― AI 2,000만 도살 돌파

AI로 도살된 가축이 2,000만을 돌파했다. 정책 부재, 전문가 부재로 규모는 점점 더 확대될 전망이다. 문제의 본질은 집단 사육의 폐해를 적시하고 생명과 함께 살아갈 방법을 찾아내야 한다.

― 원전 영화 〈판도라〉

핵발전소 폭발로 무정부상태에 빠진 극적 상황을 그려낸 재난 영화 〈판도라〉는 헬조선의 특징을 여지없이 드러낸다. 비전문가 소장의 부임, 정치 경제 논리를 앞세운 은폐, 초기 대응 미숙, 정치지도자의 독선적 사고방식과 무책임 속에서 헌신적인 최후의 복구팀의 헌신적인 노력이 돋보인다. 원전 중심의 정책과 원전의 위험성을 일깨운다.

— 1인칭 촛불방송

촛불광장에서의 SNS 1인 방송이 새로운 민주주의를 견인하는 도구로 떠오르고 있다. 팩트 TV, 한겨레, 오마이 TV 등 인터넷 TV와 웹, 모바일, SNS를 이용한 1인 방송이 촛불 현장의 생생함을 전달하고 실시간 소통과 공유를 가능케 해 일반인들의 참여를 유도하며 촛불을 확산시키고 있는 것이다. 촛불 민주주의에서 1인 방송의 의미와 역할을 재조명한다.

광화문 블랙텐트

이영주

박근혜 정부의 블랙리스트에 맞선 블랙텐트

2016년 11월 서울 광화문에 텐트족이 나타났다. 예술가와 노동자, 시민들이 모여 들었다. 최순실 주문형, 박근혜 하청 정부 게이트에서 불거진 '블랙리스트' 사건이 예술가들을 분노하게 만들었다. 이명박·박근혜 극우 보수 정권이 사회 각계각층 사람들의 동태를 파악하고 성향을 분류해 관리하고 있을 것이라는 소문이 또 다시 실체적 진실로 드러났다. 극우 보수 정권은 예술의 영역까지 정치적 검열과 통제 대상으로 관리함으로써 자신들의 권력욕과 함께 불안감을 동시에 보여주었다. 9,500여 명에 가까운 문화예술계 블랙리스트가 공개되었고 담당 부처였던 문체부 공무원마저도 자신들의 부역 행위에 대해 참회할 정도였다. 문화예술계 블랙리스트에 이름을 올린 사람들의 공통점은 '세월호', '박원순', '문재인'과 가깝게 있었다는 것이다. 세월호 침몰 사건의 진실을 좇는 노력들을 저지하려는 박근혜 정부를 비판하거나 시국선언에 참여했던 인사들과 2014년 서울시장 선거에서 박원순 후보를 지지했던 인사들, 2012년 대선에서 문재인 후보 지지선언을 했던 인사들이 2016년판 문화예술계 블랙리스트에 이름을 올렸다. 박근혜 정권을 비판하는 사람들은 감시와 검열, 각종 지원 사업이나 각종 시상 배제의 대상이 되었다. 화가, 문인, 연극인 뿐 아니라 송강호, 김혜수와 같은 유명 영화배우들도 블랙리스트를 피해가지 못했다. 2008년 출범했던 이명박 정부에서 만들어졌던 거대한 블랙리스트까지 합치면 수만 명 이상의 사람들이 지난 10여 년간 정권의 관리 대상으로 취급되었을 것이다.

그래서 블랙리스트에 오른 '검은 문화예술가'들이 서울 한복판 광장 위에 '검은 집'을 짓고 야만적인 정권을 조롱하며 저항했다. 연극인과 캠핑촌 주민, 콜트콜텍·유성기업·기륭전자 해고 노동자들이 오랜 시간의 노동 끝에 큰 천막극장을 세웠고, 박근혜 정부에 맞서는 공공 극장임을 선언했다. 정부를 포함한 공적 영역의 총체적 붕괴와 부패 속에서 사라져간 공공영역(public sphere)이 되고자 했다. 블랙 아티스트들은 광화문 블랙텐트에서 은폐된 세월호 침몰 사건의 진실을 캐내고 희생자의 아픔을 함께 하며 시민들의 피폐해져가는 삶과 고통을 표현하고자 했다.

한겨레신문(2017년 1월 8일)은 천막 극장을 박근혜 정권에게 향하는 '천막의 부메랑'이라고 썼다. 2004년 불법 대선자금을 긁어모아 차로 실어 나르다 들통이 난 후 '차떼기당'이라는 딱지를 떼어내기 위해 영등포에 천막 당사를 차리고 한나라당의 몰락을 막아냈던 박근혜에게 돌려주는 천막 극장이었다. 블랙 아티스트들은 천막극장 '블랙텐트'를 통해 표현의 자유를 억압하는 정권에 저항하고 권력의 대변인으로 전락한 공영방송 KBS와 MBC를 포함한 죽은 언론의 사회에서 다시 공론장의 중요성을 일깨우고자 했다. 이들은 세월호 희생자와 유족, 불법 해고로 고통받는 노동자, 각종 국가범죄의 희생자, 위안부에 이르기까지 공론장으로부터 배제된 사람들, 권력과 미디어가 나서서 억압하고 은폐하는 진실을 무대로 올리고 싶어 했다.

광화문 블랙텐트의 블랙 아티스트들은 연극과 마임 공연, 조형물 전시, 퍼포먼스 등 다양한 형식의 작품들로 시민들과 함께 했다. 25개가 넘는 극단이 참여해 블랙리스트와 검열에 항의하는 작품들을 무대에 올렸다. 5개월 동안 계속된 〈권리장전 2016, 검열각하〉, 저승사자의 실수로 일제 강점기 위안부로 끌려갔다 온 후 역사 속에서 돌고 도는 폭력의 상처와 원인을 탐구하는 극단『고래』의 〈빨간시〉, 세월호 가족이 통념과는 반대로 시민들을 위로하기 위해 만든『416가족극단 노란리본』의 〈그와 그녀의 옷장〉, 검열 언어의 폭력성을 파헤치는『드림플레이 테제21』의 〈검열언어의 정치학: 두 개의 국민〉*이 블랙텐트를 대표하는 작품이었다. 작품과 공연 모

---

* 한겨레신문(2017. 1. 8), "블랙리스트 맞선 천막극장 블랙텐트", 기사 참고 및 인용.

빼앗긴 극장, 블랙텐트 여기 다시 세우다

블랙텐트 (사진 출처: 광장극장 블랙텐트 운영위원회)

두는 박근혜 정부를 향해 보란 듯이 국가 지원금을 모두 배제한 채 시민과 예술가들의 자발적인 소셜 펀딩과 참여로 이루어졌다. 예술과 표현의 자유에 대한 억압, 일상적인 감시와 검열 체계의 작동, 문화예술계의 편가르기, 비판적 예술가들의 적대화를 일삼았던 이명박, 박근혜 정권을 향한 조롱과 풍자, 비판과 저항의 몸짓을 통해 광장에 우뚝 선 블랙텐트는 박근혜 정권의 종말을 함께 했다. 블랙텐트는 해방 이후 부패한 권력이 유지해 온 살생부 음모와 블랙리스트 구태를 단절하고 정의와 평화, 약자보호라는 촛불정신을 지속적으로 일깨웠고, 죽은 언론의 사회에서 광장의 언론, 시민들이 함께 하는 미디어가 되었다.

블랙텐트의 정치

우리는 신문과 잡지를 읽고, 라디오를 듣고 텔레비전을 보며 인터넷을 항해하며 끊임없이 누군가 정보와 의견을 주고받는다. 미디어 안에서 세계를 지각하고 자신의 생각과 판단의 자료들을 획득한다. 우리는 눈이나 귀만 열면 된다. 모든 정보는 준비되어 있다. 그리고 또 하나 이 정보의 세계, 미디어의 세계를 지배하는 결정적인 힘들도 준비되어 있다. 정치, 경제, 학문, 관료, 종교 등의 영역에서 견고하게 구축된 권력을 행사하는 집단들이 미디어 세계를 강력하게 지배한다.

정치권력-경제권력-학문권력-관료권력-종교권력-미디어는 해체되어서는 안 되는 한 몸이다. 한국처럼 소수의 '정-경-언-학-관-종' 엘리트 권력집단들의 지배력이 강력하게 형성되어 있는 사회에서 미디어는 엘리트 집단들의 권력과 헤게모니를 재생산하는 상징 장치들에서 가장 중요하고 일차적인 역할을 수행한다. 미디어가 생산하는 글과 말, 이미지들은 우선적으로 엘리트 기득권 집단들의 생각과 주의주장들을 정당화하고 확산하는 역할을 한다. 권력집단들은 미디어가 생존할 수 있는 자원들을 제공함과 동시에 이 미디어를 통해 자신들의 권력과 기득권 체제가 재생산될 수 있는 상징 정치(이데올로기와 담론, 이미지 정치)를 수행한다. 권력은 미디어를 사랑하고, 미디어는 권력과 연합하며 스스로 권력이 된다.

이명박, 박근혜 정권은 친 정부 성향의 언론사들을 활용하고 반대로 비(반) 정부 성향 언론사들을 압박하거나 협박한다. 공영방송사를 장악하거나 보도지침을 하달한다. 종합편성채널과 같은 친 정부 성향의 방송의 온갖 불법·편법·비윤리적 언론 행위를 방치하거나 오히려 이들의 생존을 지원하기 위해 다양한 특혜를 베풀었다. 시민들의 보다 자유로운 의사소통이 이루어지는 인터넷 공간을 통제하고 포털사의 뉴스 편집권에 압력을 가하거나 다양한 영향력을 행사했다. 동시에 친 정부 성향 온라인 사이트나 매체에 대한 직간접적 지원을 아끼지 않고, 비(반) 정부 성향 온라인 사이트나 매체에 대해서는 통제 장치들을 작동시켰다. 이메일이나 SNS 감시 기술이 발전하고 권력집단들이 이를 활용하는 방법들을 개발했다. 방송통신위원회, 방송통신심의위원회, 언론중재위원회 등 미디어 규제 및 정책 기구들은 부패한 정부 및 집권당에 정치적으로 편향되고 종속된 제도로 전락했다.

이들은 끊임없이 감시와 통제 대상 블랙리스트를 작성하거나 지원과 회유 대상 화이트리스트를 작성했다. 또 국가보안법 적용을 통해 사상과 출판의 자유를 억압했다. 미디어는 더욱 더 권력집단들에 의존하게 되고, 이들을 비판하거나 이들에 맞서는 저널리즘이나 콘텐츠 생산력은 쇠락했다. 비판적 저널리즘과 미디어 콘텐츠가 쇠락한 자리에는 한편으로는 상업적인 저널리즘과 콘텐츠가, 다른 한편으로는 권력에 부역하고 권력을 대변하는 권력 저널리즘과 콘텐츠가 가득 찼다.

이명박, 박근혜 정부나 공공기관들은 언론과 시민들에게 정확하고 진실한 정보를 제공하고, 정부와 공공 부문에 대한 견제와 비판을 매개하는 토론을 활성화하는 대신, 정보 왜곡과 조작, 정보 통제와 언론 플레이, 공식 문서의 조작이나 거짓 보고서 작성 등의 총체적으로 왜곡된 커뮤니케이션 행위를 심화시켰다. 청와대, 정부, 공공기관들은 언론과 시민들을 여론 제조나 의식 조작을 위한 홍보 대상으로 간주했다. 청와대, 정부 부처, 공공기관들에 대통령이나 정치적 주군들에 충성하는 정보 통제자들이 자리를 차지했다. 이들은 언론을 동원하거나 압박함을 통해 여론을 통제하고 공공 부문을 맹목적으로 방어하기 위한 체계를 구축했다. 결과적으로 청와대, 정부, 공공기관 – 언론 – 시민들 사이의 공개적이고 진실된 커뮤니케이션 시스템은 파괴되고 국가-언론-시민들 사이에 불신의 벽이 더 높아졌다. 시민들은 정부나 공공기관의 발표, 기자회견, 보고서, 정책자료집뿐 아니라 언론에서 보도된 내용들에 대해 그리 신뢰하지 않는다. 정부나 공공기관들은 동원 가능한 전문가 집단이나 학자들을 이용해 자신들의 정책이나 사업의 타당성을 뒷받침할 수 있는 이론이나 담론, 관련 자료들을 동원했다. 또 자신들의 정책이나 사업 성과들을 치장하고 홍보하는데 많은 홍보비를 지출하며, 언론들을 동원하고 필요할 경우 근거로 제시되는 수치나 데이터들을 조작한다. 가장 진실하고 투명한 커뮤니케이션의 주체가 되어야 할 정부나 공공기관들이 미디어를 여론 제조를 위한 홍보 장치들로 취급했다.[*]

---

[*] 이영주(2017), 한국기독교교회협의회 언론위원회 '언론 개혁을 위한 대선 정책안' 발

정부나 공공 부문을 감시하는 비판적 의견들을 억압하고 이러한 의견들을 자신들에게 우호적인 미디어를 통해 반박하거나 의견 시장에서 배제하는데 엄청난 세금을 투입한다. 정부나 공공 부문의 커뮤니케이션 담당자나 부처들은 권력자들에 충성할 수 있는 사람들로 채워진다. 이들은 권력이나 주군들을 보호할 수 있는 커뮤니케이션 채널과 장치들을 동원하고, 언론이 이에 부역하며 시민들의 생각과 판단을 관리하고 조정한다. 시민들은 정확하고 진실한 정보를 정부와 공공기관으로부터 제공받아야 할 주인의 자리가 아니라 이들의 선전술에 포획되어야 할 대상으로 전락한다. 이들은 대기업으로부터 자금을 지원받아 거리를 떠돌며 권력을 옹호하고 비판자들을 거세하기 위해 동원된 '아스팔트 우파'들을 후원했다. 민주주의에 대한 총체적 거부와 전복이 이 두 정권에서 진행되었고, 우리는 언제든지 이 같은 퇴행과 폭력이 발생할 수 있음에 주목한다.

블랙텐트는 깨어있는 시민들의 광장과 비판적 언로(言路)의 중요성을 다시 한 번 일깨워 주었다. 예술이 언론이 되고 미디어가 될 수 있음을 보여주었다. 대다수 주류 언론과 미디어가 스스로 권력과 기득권 집단의 대변인으로 존재할 때 광장에 나온 예술은 저항언론이 되었다. 정부를 중심으로 한 공적 영역이 시민을 상대로 거짓을 일삼고 온갖 선전선동 커뮤니케이션 행위로 자신들의 권력을 연명할 때 예술가들은 광장을 점유했다. 예술가들은 권력과 기득권 집단들이 공영방송과 보도채널을 장악하고 종편을 내세운 선동 정

표문.

광화문 블랙텐트(사진 출처: 뉴스앤조이)

치로 치장할 때 거대한 선전 선동 체계를 교란시키고 무너뜨리는 미(美)의 공공 영역을 창조했다.

부패와 거짓, 타락한 권력이 사회의 주류가 되었을 때 예술은 가장 예민하게 이를 폭로하고 저항한다. 맥키(Mackey)의 말처럼 예술가들은 우리가 생각하는 것 보다 훨씬 큰 강력하게 정치와 사회에 영향을 미친다. 예술은 사람들로 하여금 행동하도록 만들고 정치적 저항을 통합시키는 힘을 가지고 있다. 또 예술은 힘없는 사람들에게 발언권을 갖도록 해주며 세상의 불의와 불만족스러운 상태를 느끼는 사람들을 단결시킨다. 이렇게 해서 예술은 어려운 시대에 새로운 힘을 추구하는 사람들의 공동체를 창조하고 서로를 연결시킨다. 예술은 "당신은 고통스러운가? 나도 그렇다"라는 공감을 통해 사람들을 연결시키고 저항의 힘을 갖도록 만드는 것이다.[*]

---

[*] Mackey, B.(2016). Artists building barricades against Trump,

광화문 블랙텐트는 시민들의 투표나 정당 활동과 같은 직접적인 정치 활동과 다르지만 예술(가)이 가장 잘해낼 수 있는 방식으로 자신의 정치적 힘을 발휘했다. 최소한의 합리성과 상식이 구축되지 않은 통치 집단으로부터 고통을 받는다는 것, 부패하고 거짓된 권력으로부터 검열과 억압을 당하며 산다는 것이 얼마나 비참한 현실인지를 정밀하게 구성된 이론 체계보다 더 직접적이고 강렬하게 느끼게 만드는 것이 바로 예술(가)이다. 또 이러한 예술(가)이 창조하는 비판과 저항의 힘을 발견하게 해준 또 한 번의 실천이 바로 광화문 블랙텐트였다.

블랙텐트 이후를 생각한다

정치는 결코 동일성을 추구하는 것이 아니다. 정치는 모든 인간들의 생각과 행위, 이해관계와 욕망을 몇 가지의 동일한 틀로 규합시키는 것이 아니다. 정치는 차이와 대립으로 부터 출현한다. 정치는 각기 다른 집단과 이해관계, 각기 다른 전통들이 특정한 영토적 단위에서 동시에 존재한다는 사실을 받아들일 때 발생한다. 그래서 우리는 정치를 복잡하고 분할된 집단과 이해관계, 생각과 행위 모두가 타당하다고 생각하고 이에 반응하는 것이라고 생각해야 한다. 정치는 이렇게 자유로운 인간들의 공적 행위이자 차이와 대립에 반

www.artshub.com.au.

응하는 행위이다. 이 과정에서 정치는 항상 자기 행위의 정당화를 필요로 하며, 정당화는 반드시 자신들의 정책과 정치적 입장을 공개하고 이를 토론하거나 비판할 수 있도록 하며, 동시에 사람들이 지지하고 선택할 수 있도록 하는 토양 위에서 출현한다. 그리고 그 어떤 정치적 집단도 다른 정치 집단들이나 자신과는 다른 정책과 사상을 억압할 수 있는 배타적 권리를 가지고 있지 않다.

정부와 정당, 정치집단과 언론은 정치를 축소시키거나 최소화하지 않아야 한다. 또 정치의 지대를 좁히고 영토에 경계를 설정하려는 힘(예를 들어 자본과 전체주의 이데올로기)들에 맞서야 한다. 우리가 소통과 민주주의 정치를 강조해야 한다면, 그것은 한국 사회의 제대로 된 정치에 대한 갈망 때문일 것이다. 수많은 갈등과 대립 사이에 형성되는 소통과 정치는 결코 어떤 단일한 합의를 위해 이루어지는 것이 아니라, 서로의 차이와 대립점들을 자유롭게 드러내고, 이로부터 여러 가능한 대안들을 제안할 수 있는 정치적 행위를 그 누구도 부정하거나 억압해서는 안 된다. 우리는 자유롭고 열려 있는 소통과 정치적 행위들을 통해 우리 스스로 또는 집단적으로 윤리적 주체이자 정치적 주체로서 끊임없이 전화하게 된다.

박근혜 정권의 블랙리스트만이 아니라 역사적으로 항상 존재했던 감시와 검열, 통제와 억압을 위한 권력과 국가로부터의 고통에 맞서는 정치는 결코 보수나 진보, 우파나 좌파의 문제가 아니다. 인간 모두가 추구해야 하는 보편 정치로서의 주제일 것이다. 박근혜의 탄핵과 함께 예정된 시간보다 먼저 찾아 온 진보 성향의 문재인 정부 또한 이 같은 민주주의 정치에 대한 신념을 확고하게 공유해야 한다. 문화와 예술, 언론과 미디어, 학문과 독립적인 시민단체들을 자신들의 정치적 도구로 활용하지 않아야 한다. 대신 이들 모두가 추구하고 지향하는 가치와 신념, 차이와 대립점들을 민주주의의 틀 안에 자유롭게 풀어 놓아야 한다. 이것이 블랙텐트 이후를 생각하는 출발점이 되어야 한다.

【2017년 1월에 논의했던 다른 후보들】

— MBC 조합원 동영상, '중창과 합창'

신입기자 3명이 중창으로 읍소하자, 고참 기자들이 합창으로 답했다. MBC는 미워하되, 싸움은 계속되어야 하기에 그들을 지원하고 격려해야 하지 않을까?

— 신년 청와대 기자간담회

카메라도, 노트북도 모두 뺏기고 탄핵당한 대통령의 일방적인 주장에 질문도, 이의제기도 없이 그저 고개만 끄덕이던 청와대 출입처 기자들 그리고 그 선전을 여과 없이 틀어대던 언론사들. 언론개혁의 필요성을 단적으로 드러내는 상징이다.

— 18세 투표권

결혼(민법), 입대(병역법), 공무원시험 응시(공무원시험임용시행령), 운전면허(도로교통법) 모두 18세, OECD 34개 회원국 중 유일하게 한국만 19세인 투표권. 18세 투표권은 젊은 유권자들의 발언과 권리 주장의 근간, 우리가 주목해야 하는 이유다.

— 핀란드의 기본소득 실험

월 560유로(약 71만 원)를 2년간 실업자 2000명 대상으로 실험에 들어가, 복지와 노동, 국가의 기능에 대한 새로운 아젠다를 던지는 사건적 정책이다.

더불어 숲

장해랑

나무가 나무에게 말했습니다. 우리가 더불어 숲이 되어 지키자.

_ 신영복

다시 더불어 숲을 세울 수 있을까

MBC 임명현 기자의 전화번호를 받았다. 그를 인터뷰하기 위해서였다. 지난 2월 발표된 그의 석사논문 "2012년 파업 이후 공영방송 기자들의 주체성 재구성에 관한 연구 – MBC 사례를 중심으로"는 언론계에 잔잔한 파문을 일으켰다. 논문은 한 때 방송민주화 운동의 핵심이었던 MBC가 왜 지금은 어떤 저항도 하지 못하고 있는지를 경영진의 비인격적인 인사관리에서 찾는다. 그는 현직 기자

22명의 인터뷰를 통해 기자들이 '잉여'와 '도구'라는 주체성으로 자신의 정체성을 재구성했기 때문이라고 설명한다. 그의 논문은 제도적 민주화가 이루어진 대한민국에서 어떻게 고강도의 방송 통제가 가능한지, 공영방송 보도의 독립성과 자율성이 막힌 현실이 어떻게 계속 재생산되고 있는지 보여준다. 그의 논문내용을 인용해 NCCK 언론위원회는 지난 2월 〈이달의 시선〉으로 '잉여와 도구가 된 기자'를 선정하고, 언론개혁의 필요성과 당위성을 역설한 바 있다.

그는 누구일까. 그는 세상에 무슨 얘기를 하고 싶었을까. MBC가 처한 엄혹한 상황 속에서 기자들의 고통을 기록한 논문을 쓰는 건 용기가 필요했을 것이다. 울음과 분노, 좌절을 곱씹으며 저항을 '유예'한 기자들의 인터뷰조차 쉽지 않았을 것이다. 논문이 나온지

임명현기자의 인터뷰를 실은 한겨레신문 캡쳐

겨우 5개월, 이 짧은 기간에 역동적인 한국 사회는 또 다른 혁명을 성사시켰다. 광장의 촛불시민이 구체제를 탄핵하고 새 정부를 출범시켰다. 사회 전반에서 봇물처럼 개혁 요구가 터져 나왔다. 개혁 요구는 언론계도 어김없다. 적폐청산과 새로운 법제와 시스템 정비로 언론을 제대로 개혁해 다시는 권력이 간섭하지 못하게, 못된 언론인이 발붙이지 못하게 만들어야 한다는 목소리가 커졌다. KBS, MBC 조직원들의 반성과 경영진 퇴진 운동이 시작됐지만, 경영진은 꿈적도 않고 있다. 내부 싸움이 시작되었다. 언론인들이 자성하고 언론개혁에 다시 나서야 한다는 필요성도 제기된다.

언론운동의 화두인 '연대'라는 단어가 생각났다. "나무가 나무에게 말했습니다. 우리가 더불어 숲이 되어 지키자"라는 신영복 선생님 말씀도 떠올랐다. 논문은 MBC 기자들의 '저항 유예'라는 분석이 자칫 그동안 저널리즘을 실천하지 못한 MBC 기자들의 책임을 면피시켜 줄까 우려하기도 했다. 그는 지금의 변화를 어떻게 받아들이고 있을까, 다시 구성원들이 2012년처럼 170일 파업을 재현할 수 있다고 믿을까? 나무와 나무가 손을 다시 잡고 언론이라는 숲을 다시 세울 수 있다고 믿을까. 전화번호를 보며 망설였다. 어느 신문과 기자가 아닌 '연구자'의 자격으로 인터뷰를 수용했다는 기사를 읽었기 때문이다. 논문이 나온 뒤 한국방송학회가 주최한 〈공영방송 MBC의 인적, 조직적, 제도적 문제와 해법 모색〉이란 주제의 세미나 발제를 맡았지만, 회사가 참석을 허락지 않아 다른 이가 논문을 대독했다는 얘기도 들렸다.

그를 그냥 '연구자'로 두고 싶었다. 비인격적인 인사관리가 낳은 현실이 저널리즘 실천을 유예한 저널리스트의 변명이 되어서는 안 된다던 그의 우려가 걸렸다. 그의 진정성이 잘난 척으로 비추어지면 안 되었다. 관련 자료를 모았다. 필요한 그의 인터뷰는 다른 인터뷰에서 인용해도 될 것 같았다. 인터넷을 검색하니 그의 논문이 검색되었다. 국회도서관에서 논문을 복사했다. 단순 복사는 연구자의 고통과 열정, 마음을 모욕한다는 생각이 들어 책으로 제본했다. 논문을 그냥 한번 읽고 버려선 안 된다는 염치도 작동했다.

이런 생각도 했다. MBC가 진보적 시민들 사이에서 '기레기'라는 얘기도 나오고 촛불집회에서 비난받기도 했다. 하지만 그 자리에 누구를 두면 다를까. 자기 생계나 고용을 다 포기하면서 저항으로만 나설 사람들이 얼마나 될까. 이 정도로 버티고 있는 것도, 책상 하나 받고 모멸감을 견디는 것 자체가 저항 아닌가? 연구하기 전에는 이런 생각도 솔직히 했다. 하지만 연구계획서를 발표하는 과정에서 교수님들이 '이런 논리는 내부 구성원들만 수긍할 수 있는 논리'라는 제언을 들었다, 이걸 '저항이다' 혹은 '저항이 아니다'라는 식으로 결론 내리는 건 적절치 않을 수 있다는 말을 들었다. 그냥 제가 보여줄 수 있는 부분까지만 보여 드리고 이후 판단은 제가 내리지 않았다. 적어도 논문에서는 재단하지 않았다.

임 기자가 경향신문 인터뷰에서 밝힌 내용이다. 그는 이 인터뷰에서도 미디어 연구자로서 그저 조직과 구성원들에 대해 설명을 제공할 뿐, 이해는 독자 몫으로 맡겨 두고 싶다고 말했다. 논문을 열었다. 논문은 한 편의 다큐멘터리였다. 세상이 MBC를 욕하고 외면하고 있을 때, 기자들은 처음에는 분노로, 분노에서 좌절과 자기검열로, 마침내 모멸과 혐오, 자신의 존재를 회의하며 5년이란 긴 세월을 견뎌내고 있었다. 인용한 기자들의 생생한 육성은 처절하다 못해 차라리 슬펐다. 읽으며 분노했다. 그리고 생각했다. 민주화됐다고 믿었던 이 땅에서 한 언론사 경영진이 저지른 횡포와 기자들이 겪어야 했던 실상을 알려야겠다고. 추락한 MBC의 현재 위상과 구성원들의 부족한 실천적 저항에 대한 비판은 당연하다. 하지만 냉정하게 MBC 사례를 적시해 어떻게 권력이 경영진을 장악해 방송사를 통제할 수 있는지, 언론사 내부에서 한 사람의 인사권자가 어떻게 인사관리란 도구로 구성원들을 장악하는지 우리는 직시해야 한다. 경영진의 비인격적인 인사가 자율과 창의가 중요한 언론인들을 어떻게 망가뜨리고 조직에 순응시켜 가는지 우리는 알아야 한다. 다시 부끄러운 역사를 반복하지 않고 진정한 언론개혁을 하려면 현재를 반면교사 삼아 적폐들을 제거해야 한다. 그런 의미에서 논문을 재구성한다. 언론인 하나하나가 나무가 되어 함께 손을 잡고 건강한 언론 숲을 다시 세울 언론개혁을 실현하기 위해.

2012 파업이후 MBC에선 무슨 일이 일어났나?
— 징계와 타 부서 발령, 그 자리는 경력사원 선발로 채워

2008년 보수 정부가 들어선 후 MBC의 정권 종속화가 심해졌다. MBC 기자협회의 분석에 따르면 2011년 MBC 뉴스는 4대강 사업, 내곡동 사저 의혹, 민간인 불법사찰, 10 · 26 재보선, 한미 FTA 등 주요 쟁점 사안들을 축소, 누락 보도했다. 피디 제작부서 상황도 비슷했다. 4대강을 다룬 〈피디수첩〉이 연기 또는 불방되고, 한진중공업 사태나 검찰총장 후보자 인사 검증, 삼성노조 문제 등의 취재가 불허됐다. 반발하는 피디들은 타부서로 발령 났다. 직능단체와 노조를 중심으로 공정방송을 요구하며 피케팅과 제작 거부를 벌였지만 받아들여지지 않았다. 2012년 1월 30일 노조 구성원들은 불공정 방송의 주체로 김재철 사장을 지목하고 그의 퇴진을 요구하는 총파업에 돌입했다. 파업은 장장 170일 동안 진행됐고 그해 7월 18일 종료됐다.

170일간의 파업 종료를 알리는 MBC노동조합 특보

'총파업 투쟁' 170일 만에 잠정중단
조합원총회 만장일치 가결, 오늘 업무복귀

'공정방송 복원'과 '김재철 사장 퇴진'을 위해 170일간 진행된 MBC 노동조합의 총파업 투쟁이 잠정 중단됐다.

조합은 어제(17일) 오전 여의도 방송센터 D공개홀에서 조합원 600여 명이 참석한 가운데 총회를 열고 잠정 6개월간 진행돼 온 총파업 투쟁을 잠정 중단할 것을 만장일치로 결의했다. 파업에 참여했던 전 조합원은 오늘(18일) 오전 9시를 기해 업무에 복귀한다.

정영하 위원장은 "국회 개원 협상에서 여야가 김재철 사장 퇴진에 대한 공감대를 마련한 만큼, 파업을 유지하는 것보다 업무에 복귀해 김재철 체제에서 계속되는 편파·왜곡 방송 저지를 위해 노력하는 것이 더욱 효율적인 투쟁으로 보인다"면서 "파업 잠정 중단" 안건을 상정했다. 조합 집행부는 그러나 파업 잠정 중단이 공정방송과 김재철 사장 퇴진을 위한 투쟁이 끝나는 것이

새로운 투쟁을 시작하다
민주의 터에서 현장으로, 7월 17일의 모습.

파업 종료 후 회사의 보복이 시작됐다. 해고 6명, 정직 38명 등 44명이 중징계 당했다. 파업 중에는 세 차례에 걸쳐 모두 69명이 대기발령 받았다. 징계자와 대기발령자, 업무 복귀자 등 96명은 짧게는 3개월에서 길게는 8개월 동안 신천동 MBC 아카데미에서 교육을 받아야 했다. 기초인문학 강좌나 요가, 브런치 만들기 등 언론인 장기 교육으로는 부족한 커리큘럼이 많아 교육생들은 자조적으로 '신천교육대'라 불렀다. 파업 이후 사측과 갈등 과정에서 징계를 받은 노조원도 25명(해고 2, 정직 23)에 달했다. 사내 게시판이나 SNS에 사장이나 경영진을 비판하거나 외부 매체와 인터뷰하며 회사 경영진을 비난했고, '정수장학회 도청 의혹' 관련 뉴스 제작 등 업무 지시를 거부했다는 이유였다.

논문이 주목한 것은 파업 이후 경영진이 도입한 비인격적인 인사관리였다. 경영진의 인사 정책의 핵심은 참가자들을 징계하거나 전문성과 관계없는 타부서로 발령 내고, 그 자리에 경력사원을 새로 선발해 투입하는 방식이었다. 문화방송 노보 211호에 따르면 파

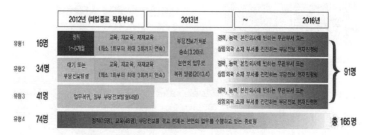

<그림 III-2> 파업 참가자들에 대한 강제 직종 전환 현황 [출처: 문화방송노보 211호]

논문에 있는 '2012년 파업 이후의 징계 현황'(노보에서 인용)

업 후 징계, 대기발령, 교육 발령, 무관 부서 전보 등을 경험한 노조원은 165명에 이른다. 이 가운데 91명은 여전히 본업에서 제외돼 있다. 직종별로는 기자 50명, 피디 20~30여 명, 아나운서 10여 명이다.

빈자리는 경력사원으로 채웠다. 최초는 파업 당시 대체 인력으로 뽑은 30여 명의 인력이었다. 이들은 1년간 계약직이었다가 성과를 평가해 정규직 전환 여부를 결정했다고 해서 '시용기자'(시용직)로 불렸다. 파업 종료 후 입사한 기자는 '경력기자'라 불린다. 파업 이후 4년간 채용한 경력직은 모두 229명이나 된다. 그 사이 신입사원 공채는 단 한 번 시행되었을 뿐이다. 파업 참가자들이나 노조원들은 보직 간부 인사나 승진에서도 불이익을 당했다. 보직은 파업에 불참했거나 노조를 탈퇴한 인물을 중용했고, 노조원들은 보직뿐만 아니라 직급 승진, 뉴스 앵커, 해외연수, 특파원 선발에서도 불이익을 당했다. 노조 분석에 따르면 지난 4년간 차장급/차장대우급 가운데 승진 못한 91%가, 사원급 가운데 승진 못한 93%가 조합원이었다. 반면에 간부들에 대한 평가는 완화돼, 사원들의 간부들에 대한 상향 평가는 2014년에 폐지되었다.

뉴스에서 제외된 기자들은 경인지사, 뉴미디어포맷개발센터, 신사업개발센터, 미래방송연구소, 매체전략국, 광고국에 보내졌다. 이곳에서 기자들은 뉴스 제작과 관련 없는 신규 사업 개발·유치, 뉴미디어 개발, 마케팅, 기본 운영 업무를 했다. 몇몇 사무실은 상암동 사옥이 아니라, 인천·수원 등 수도권 지역이나 구로디지털 단지 등 외부에 위치한다. 보도본부 내부에 소속된 기자 중에서도 파업 참여자 상당수는 보도 전략, 뉴미디어, 보도 정보 시스템 개발 관리, 뉴스사업, 팩트 체크, 컴퓨터그래픽 품질관리 등 보도 지원 부서에 배치되었다. 이들 규모는 60명을 넘어서는 것으로 노조는 추산한다. 파업 후 2015년 5월 기준으로 경력기자 68명이 채용되었는데, 이 중 58명이 메인 뉴스인 〈뉴스데스크〉 제작 업무를 맡고 있었다. 기존 기자들이 물러난 자리에 시용, 경력 기자로 채운 회사의 전략이 그대로 드러나는 부분이다. 이후에도 경력기자는 계속 늘어나 2016년 12월 현재 그 규모는 80~90명에 이르는 것으로 알려지고 있다.

새로운 인사정책에 따라 기자들의 업무와 공간도 복잡하게 분화되었다. 취재부서에 근무하며 메인 뉴스인 〈뉴스데스크〉를 제작하는 기자(그룹 1), 〈뉴스데스크〉는 아니지만 〈시사매거진 2580〉, 〈이브닝뉴스〉, 〈통일전망대〉 등 보도 관련 프로그램을 제작하는 기자(그룹 2), 뉴스·보도 프로그램을 직접 제작하지 않지만 보도본부 내에 근무하며 보도 정보 시스템 관리 등 간접 지원하는 기자(그룹 3, 이상 보도 그룹), 보도본부 외부지만 상암동 본사 사옥에서 근무하는 기자(그룹 4), 수도권·여의도·구로 등 본사 외부에 근무하는 기자(그룹 5, 이상 비보도 그룹), 마지막으로 해고된 기자(그룹 6, 외부 그룹)로 나누어졌다. 세분화된 기자 그룹을 일일이 열거하는 이유는 MBC 내부 구성원들의 주체성 재구성을 이해하는 데 중요하기 때문이다.

'비인격적인 인사관리'가 낳은 주체성의 재구성

공영방송사의 지배 구조 문제는 이번만이 아니었다. 늘 있었고, 또 그 해결을 위해 싸워왔다. 그렇다면 공영방송의 역할이 철저히 망가지고 있던 지난 5년, MBC 기자들이 저널리즘의 '저항적 실천'을 포기하고 다시 싸움에 나서지 못한 이유는 무엇일까? 실천은 '사람들(여기서는 기자 집단)이 행하는 모든 것'을 말한다. 논문은 실천의 배후 조건인 주체성의 재구성 과정에 주목한다. 삶의 행위자는 살아가면서 어떤 '문제 상황'에 부딪히면 지금까지 당연하게 생각해온 것들을 의심하고, 문제해결을 위해 자신의 주체성을 재구성·재구조화 한다. 논문은 기자들이 주체성을 재구성하게 만든 '문제 상황'으로 MBC 경영진의 '비인격적인 인사관리'를 꼽는다. 기자들이 비인격적 인사관리에 어떻게 대응·적응하면서, 어떤 마음 상태와 심리로 자신의 주체성을 재구성하고, 어떤 '실천' 양상이 만들어져 현재의 MBC 지배체제가 유지 · 재생산되고 있는지 분석한다. 논문은 파업 이후 기자 집단을 뉴스 생산 업무에서 배제된 그룹(잉여)과 참여하고 있는 그룹(도구), 둘로 나누어 각각의 그룹이 어떤 주체성으로 재구성되는지 그 과정을 추적한다.

잉여적 기자 주체

논문은 먼저 업무에서 배제, 격리된 기자들에게 주목한다. 경영진은 비인격적인 인사관리로 파업에 참여한 상당수의 기자들을 아예 뉴스제작 업무에서 배제시켰다. 가장 극단적인 경우는 해고돼 MBC 외부에 방치된 기자들(그룹 6)이다. MBC 기자 신분은 유지하고 있더라도 보도본부 밖에서 기자직과 무관한 업무를 하거나(그룹 4, 5), 보도본부 내에 근무하지만 뉴스 생산은 할 수 없고 간접 지원 업무를 몇 년째 수행하고 있다(그룹 3). 논문은 경영진이 파업에 적극 참여한 데 대한 보복과 응징 차원에서, 경영진이 요구하는 뉴스 · 시사 프로그램에 더 이상 필요하지 않은 기자들을 배제의 대상으로 선정했음을 보여준다. 매체 융복합 시대에 맞추어 직종을 폐지하고 재배치했다는 회사 주장과 달리, 경영진의 입장에서 파업에 적극 참여하며 대립하는 기자나 정치적 통제가 여의치 않은 기자는 회사에 더 이상 불필요한 '잉여적 기자'였다. 논문은 경영진이 뉴스 생산 업무에서 제외한 기자를 '잉여'로 호명하고 있다고 보고,

이를 '잉여적 기자 주체'로 개념화한다. 이들이 더 이상 '불필요하고 무용한 쓰레기'이기 때문에 버려졌다는 것이다.

잉여로 호명된 기자들은 우선 당혹감과 황당함을 경험했다. 경영진의 보복인사 국면이 그렇게 오래 지속될지도 예상하지 못했다. 몇 년간 소외감과 불안감이 겹치면서 심리적 충격은 분노의 감정으로 바뀌었다. 그것은 그동안 MBC 기자로서 활동하며 인정받고 살아온 자신의 존재감을 상실한 모멸감이었다. 자신이 더 이상 사회에 필요하지 않고 무가치하다는 심리적 외상(트라우마)은 다시 겪고 싶지 않고 떠올리기만 해도 두려운 공포로 귀결되었다.

마음이 안 다스려졌어. 새벽 2, 3시쯤 깨 항상. 담배를 피우다 보면 생각이 나는데, 그리고 꿈이 이렇게 이어져. 아무튼 회사 사람들 나타나고….

진짜 허접한 그런 강의를 들으러 신천까지 안 좋은 몸을 이끌고… 그해 겨울에 엄청 추웠는데 강의 듣고 있으면 되게 한심스럽기도 하고 눈물 나기도 하고 그런 감정 소모가 되게 힘들었지. 막 염세적이라 그래야 될까….

그 당시 악몽이 인사발령 나는 꿈이었어요. "거기래" 이런 식의. 어딘지는 모르겠는데 이상한 창고로 가든지 이런 식의. 갔는데 아무 책상이 없어 그런. (중략) 침대에서 눈을 떴는데 오늘도 또

그 길을 가야 되는구나. 기차를 타고 가서 할 일 없이 앉아있는 일을 해야 되는 구나. 가서 뭘 해야 되지. 난 누군가, 여긴 어딘가 하는….

비인격적인 인사관리 기조는 18대 대선 이후 2013년 3월 김재철 사장이 해임되고 후임 김종국 사장이 잔여임기를 채운 뒤, 2014년 3월 안광한 사장이 부임하면서 새로운 양상을 띤다. 경영진은 본업에 복귀한 기자들 다수를 재차 무관 부서로 전보했다. 법원이 내린 해직기자들 복직 판결을 거부하고 여전히 노조에 가입하고 있다는 이유로 보직 부장을 평사원으로 발령 냈다. 논문은 비인격적 인사관리의 '재강화기'로 명명한 이 시기의 특징으로 인사발령의 이유를 명확히 알 수 없다는 것과 인사가 소규모로 이루어졌다는 점을 꼽는다. 파업 종료 2년 지난 시점에 내려진 전보인사는 원인을 알 수 없는 공포를 불러일으키며 자기검열 기제를 작동시켰다. 규모가 줄어들고 빈도가 높아진 인사는 고통을 개별화시켰다. 분노와 공포가 사사화·개인화 되면서 자기혐오와 비하, 수치심이 깊어졌고 개별적 저항이 소멸되며 연대감은 약화되었다. 분노의 내사화가 길어지면서 개별화된 개인은 스스로 상황에 무감각해지려는 경향마저 나타났다.

한참 기사를 쓰고 있었는데 갑자기 방이 붙었고, 기사작성을 하는데 갑자기 뉴스시스템에서 로그아웃이 된 거에요. 그때 엄청

충격을 받았죠. 너무 황당해서 한두 시간 동안 공황상태에 빠져서 기사 못 썼죠. (중략) 그땐 그래도 안 울었는데 나중에 박스 싸가지고 들고 나오는데 막 눈물이 나오더라고요….

파편화됐다, 혼자됐다 이제… 나랑 똑같은 상태의 사람들이 없진 않지만 우린 소수고, 조금씩 각개격파 당하고 있다는 생각이 드니까 공포보다는 슬프고 무력감을 느끼고….

나는 한 5년 전부터 나가 있었어. 너무 힘들어. 외로운 시간이 훨씬 길었단 말이야. 근데 한 1년 나가 있던 애가 나한테 와 가지고 나 너무 힘들다 징징거려요. 그러면 만나고 싶지가 않은 거지. 나 나올 땐 아는 척도 안 하더니, 이제 자기가 힘들다고 나한테 징징거려. (중략) 자기고통은 자기가 알아서 처리해야 하는 거지….

이번에도 인사 났을 때 되게 놀라긴 했지만 처음처럼 충격적이지 않았거든요. (중략) 생사여탈권은 회사가 쥐고 있고 나는 수동적일 수밖에 없는데, 거기 익숙해진다는 게 마치 가정폭력 피해자가 맞는 것에 둔감해진다는 것처럼 내가 좀 둔감해 지는 것 같아서….

잉여적 주체들의 실천은 저널리즘을 유예하며 소외된 채 죽은 노동을 수행하는 것이었다. 기사를 만들 순 없어도 저널리즘을 실천해야 한다는 직업 윤리적 정체성과 기자라는 자부심마저 버릴 수는 없었다. 언젠가 자신들이 희망하는 저널리즘을 구현할 수 있을 것이라는 희망을 포기하지 않고 유예하는 실천전략을 취하기로 한 것이다. 무언가 업무는 하고 있었지만 몰두하지 않았다. 인간관계를 축소하며 대학원진학이나 어학공부 같은 개인적 실천 전략을 강화했다.

도구적 기자 주체

파업 이후 뉴스 생산 조직에 소속된 기자들(그룹 1, 2)은 다양한 분포를 보인다. 파업에 참여했다 복귀한 기자, 파업에 불참한 기자와 보직 간부, 파업 이후 입사한 시용·경력기자 등 이질적으로 구성되었다. 이들은 다수의 파업 참가 기자들이 '잉여적 주체'로 호명돼 뉴스 외부로 전보되는 상황을 목격하였다. 인사관리 정책은 경영진이 주도할 뉴스로의 변화에 대한 선언이기도 했다. 경영진은 자신들이 원하는 뉴스를 생산하는데 필요한, 통제가 가능한 기자를 원했다. 기자를 도구로 사용하겠다는 것이었다. 논문은 이를 기자가 경영진에 의해 '도구적 주체'로 호명되었다고 개념화한다.

'도구적 주체' 기자들이 만난 첫 문제 상황은 저널리즘 실천 영역이 협소해졌다는 것이었다. 경영진은 자신들이 생각하는 뉴스를 제작하기 위해 지휘 체계와 게이트 키핑을 강화했다. 한편으로 조직

〈방송장악 즉각 중단하라〉고 주장하는 MBC뉴스 장면 (뉴스 화면 캡쳐)

내부에서는 가해자, 부역자로 치부했던 파업 미참가자나 보직 간부, 시용·경력기자들과 대면해야 했다. 적대적 감정과 갈등을 다스리고 뉴스 제작의 대부분을 차지하게 된 시용·경력기자들과 함께 뉴스를 제작해야 하는 현실을 극복해야 했다.

도구적 기자 주체가 처음부터 경영진의 요구를 수용했던 것은 아니었다. 업무 지시를 거부하거나 경영진을 비판하며 '도구적 주체의 호명'을 거부한 기자들이 '잉여적 주체'로 호명돼 외부로 전보되고, 그 자리가 즉각 경력기자로 채워지는 현상을 반복 목격하면서 잠재적 공포와 불안감이 커졌다. 실천이 약화되고 무력감과 패배주의가 만성화하면서 마침내 '도구적 주체'를 수용하게 된 것이었다. 그것은 경영진이 강제한, 변화된 뉴스 체계에 길들여진다는 뜻이었다. 도구적 주체의 수용은 자신의 무능력과 무력감에 대한 수치심을 낳았다. 시용·경력기자들에 대한 분노와 혐오도 나타났다. 도구적 주체로 호명돼 뉴스조직에 남게 된 자신에 대한 자기혐오와 충격에 적응하기 위한 정당화 기제도 발동되었다.

선배들이 항상 그렇게 말하잖아요. 게시판에 글 쓰지 마라. 튀는 행동 하지 마라. 괜히 지금 이런 상황에서 나대가지고 쟤네들한테 기회를 줘서 좋을 것 없다. 좋게 말해서 그렇지, 공포잖아요, 공포. 다칠까봐 걱정되고….

그들과 내가 함께 MBC 기자라고 있다는 것 자체가 굉장히 모욕적이죠. (중략) 근데 대다수 사람들이… 위에서 너무 수치스러운 기사를 주는 걸 그대로 시키는 걸 다하고. (중략) 옛날에 우리 선배들 다 같이 있고 할 때… 아 참 대단한 사람들 속에 내가 함께 일원으로 있다는 게 너무 감사했던 기억이 있는데….

후배들이 이런 얘기하는 것 많이 들었어요. 선배 전 요즘 너무 걱정이에요. 내가 사회의 암적인 존재가 되어 있는 것 아닌가 그게 나를 너무 힘들게 해요….

막말로 누가 저항을 하다 장렬히 전사해서, 그게 어떤 또 다른 분노의 기폭제가 되고, 다른 저항을 불러올 수 있다면 모르지. 전혀 그런 상황이 아니잖아. 이건 그냥 개죽음인거야. 남은 사람

들은 더 위축되지. 해봐야 저렇게 될 뿐이야 하는 학습효과만 강
해져. 그리고 또 해봐야 일베 뉴스잖아. (중략) 지금은 일단 버티
고, 살아남는 게 우선일 수밖에 없어….

도구적 기자 주체들에게 우선적으로 관찰되는 실천은 자기검열
이었다. 아이템을 발제하면서, 기사문을 쓰면서, 피드백 과정에서
명시적이고 구체적인 압박과 강제가 존재하지 않은 상황에서도 스
스로를 검열하는 것이었다. 자기검열은 MBC 뉴스 조직의 제작 체
계를 더욱 'top down' 방식의 위계적인 문화로 변신시켰다. 납품
업자의 정체성이 강화되었다. 발주처(보직 간부)의 요구에 맞추어
물품(뉴스)을 생산한 뒤 기한에 맞춰 납품하는 업자, 회사원의 심정
으로 뉴스를 생산했다. 자신이 생산한 뉴스에 애정은 없이, '시키는
대로 하자'는 수동적 실천과 '남 일 신경 쓰지 말고 내 일만 하자'는
개인적 실천이었다. 파업을 함께 했던 '잉여적 주체'들에게 다가서
지 못하고 인간관계가 축소, 단절되는 경향도 보였다. 그 속에서도
도구적 주체들에게서 마지노선이 관찰되었다. '도저히 받아들일 수
없는' 상황이 오면 결단을 내리겠다는 것과 노조원 신분을 유지하
는 것이었다.

이거 써도 될까? 스스로 고민하는 거야. 누가 뭐라고 얘길 안 해
도. 야 이 정도까진 되지 않겠냐 하면서 하나 넣고, 야 이건 빼주
자 하면서 빼고. 그게 되게 스스로 끊임없이 자기 검열을 하고

있고, 변해가는 스스로가 너무 창피하고….

정말 내가 도저히 할 수 없는 리포트를 시킨다면 어떻게 하지?
그 생각을 항상 해요. 왜냐하면 공포잖아요. 그 기사는 영원히
남으니까. (중략) 5년 뒤에 어떤 세상이 올지 모르는데, 지금 양
심에 비춰서 옳지 못한 기사를 내 이름으로 남겨줄 순 없는 거잖
아요….

논문은 공영방송의 정권 종속화 강화와 경영진의 비인격적 인
사관리 아래서 기자 주체들이 '잉여'로 호명돼 외부로 격리되거나
'도구'로 호명돼 경영진이 주문하는 저널리즘 실천을 수행하고 있
다고 분석한다. 기자들은 문제 상황에 대처하기 위해 기존의 저항
적 실천 대신에 저널리즘 실천을 유예하거나(잉여적 주체) 위축시
키는(도구적 주체) 실천 논리를 재구성했다. 그 배경에는 모멸감과
공포(잉여적 주체), 수치심과 무력감(도구적 주체) 같은 집합심리가
자리하고 있었다. 새롭게 설정된 주체성은 만성화된 패배주의와 만
나면서 내사화·사사화 되고 연대는 파편화되었다. 경영진이 의도
했던 조직관리 전략은 완성되고 안정되어갔다.

다시 더불어 숲

비인격적 인사관리에 대한 기자들의 선택은 두 가지였다. 하나는 저항은 완전히 포기하고 퇴행과 이탈을 선택하는 것이고, 다른하나는 체제에 적응과 순응을 시도하면서 저항을 유예하는 것이었다. 저널리스트 개인의 공익성과 저널리즘 실천이라는 직업윤리는강조되어야 한다. 그럼에도 경영을 통한 정권의 MBC 통제가 지속적으로 작동될 수 있었던 것은 사회적 상황 변화와 맞물려 있었다. 논문은 조심스럽게 2012년의 170일간 MBC 파업이 성공하지 못하고, 경영진의 비인격적인 인사관리는 지금까지 계속될 수 있었던이유를 제시한다. 다채널 다매체로 방송 환경이 변하고 계약직과비정규직의 증가 등 노동 환경이 악화되면서 신자유주의 아래의 불확실성과 유동성이 증가해 공영방송의 독립성이라는 가치가 대중의 관심을 끌지 못했다고 진단한다. 바뀐 외부 환경 변화로 MBC경영진은 내외부의 반발과 견제를 무력화하며 여전히 통제 체제를유지하고 있는 오늘이 그것을 증명한다.

다시 싸움이 시작됐다. 후배 기자 3명이 반성하는 영상을 올리자 선배들이 이어 영상으로 답가를 한다. 애틋하다. 공개된 미디어석상에서 사장과 경영진을 비판하기도 한다. 역대 경영진의 행태를비판하는 다큐멘터리도 제작 중이다. 경영진을 부당노동행위로 고발까지 했다. 회사 앞에 다시 텐트가 쳐졌다. 다시 해고당하는 위협앞에서 일인 시위를 페이스북으로 생중계하며 경영진의 퇴진을 요

구한다.

벌써 9년이다. 〈피디수첩〉 PD들에 대해 검찰의 압수수색과 체포가 들어오고, 〈뉴스데스크〉의 간판 앵커가 청와대의 압력으로 강제 하차했다. 곧이어 청와대에서 '조인트 까인' 김재철 사장이 내려왔다. 언론자유는 질식했고, MBC는 추락했다.

우리는 처절하게 저항했다. 2010년 39일 파업, 2012년 170일 총파업으로 언론 장악에 맞서 싸웠다. 한국 언론 역사상 가장 악랄한 탄압이 자행됐다. 10명이 해고 됐다. 200명이 징계 받고 자기 자리에서 쫓겨났다. 저들은 우리에게 195억의 손해배상 소송과 가압류를 걸었다. 그러나 우리는 포기하지 않았다. 끝까지 살아남았고 끈질기게 저항했다.

김장겸 사장은 암흑시대 9년의 한가운데에서 보도국을 장악했다. 정치부장, 보도국장, 보도본부장 그리고 사장까지 유례없는 수직상승이었다. 2012년 대선편파 왜곡보도, 2014년 세월호 유족 모욕과 왜곡 보도, 2016년 최순실 게이트 축소, 물타기 보도, 2017년 대선 최악의 편파 왜곡보도까지. 김장겸 사장은 이 모든 사태의 현장을 지휘한 직접적 책임자이다. 그 김장겸의 뒤를 봐주며 MBC 파괴를 합작한 자가 고영주 이사장이다.

이제 우리는 선언한다. MBC 암흑시대 9년을 끝내겠다. 헌법 제 21조 언론자유를 회복하겠다. 방송의 독립성과 공정성을 되찾겠다. MBC는 지금도 파업 중이다. 7년간 이어진 이 기나긴 파업을 이제 승리로 마무리하겠다. 암 투병 중인 해직기자도, 쫓겨난 피디들도, 사라진 아나운서들도 모두 제자리로 돌려놓을 것이다.

이 승리를 향해 우리는 김장겸, 고영주 퇴진을 위한 강력한 마지막 행동에 나설 것을 선언 한다. 언론자유를 염원하는 국민과 시청자가 우리 뒤에 있다.

2017년 5월 29일

_ 전국언론노동조합 MBC 본부

성명 전문을 다 전재한 이유는 여전히 진행 중인 MBC 현실을 적시하기 위해서다. 그동안 MBC에서는 무슨 일이 벌어졌던가? 21세기에, 민주화되었다는 대한민국에서 권력은 비상식적인 경영진을 앞세워 정도와 상식을 벗어난 비인격적 인사관리로 공영방송을 장악하고 농락했다. 어떻게 가능했을까, 왜 기자들은 저항하지 못했을까? 암울한 독재 시절에 벌어졌던 일들이 어떻게 지금도 이 땅에서 여전히 반복되는가? 여전히 상황이 지속될 수 있는 건 또 어떻게 설명할 수 있을까? 한 공영방송사 내부에서 일어났던 어처구니없는 일들을 복기해 반면교사로 삼지 않고는, 앞으로 다시 같은 일이 일어나지 않게 할 답을 찾아 해결하지 않고는, 이 땅의 진정한 언론개혁과 언론자유는 발붙이지 못한다. 다시 더불어 언론 숲은 세워지지 않는다.

【2017년 2월에 논의했던 다른 후보들】

— 가짜 뉴스

소통이 사라진 사회, 비판과 기록이 사라진 언론에 더해 가짜 뉴스가 세상을 더 어지럽히고 있다. 미국 대선에서 작동했다는 가짜 뉴스는 성역과 금기를 넘어 여론을 본격적으로 왜곡하고 조작한다는 점에서 초기에 아젠다화하여 그 심각성과 폐해를 적시하고 어떻게 방지할지 고민해야 할 또 다른 과제가 되고 있다.

— 화이트리스트

예술인에 대한 블랙리스트 이면에 대중여론 조작을 위해 권력이 보수 우익단체를 동원하기 위한 리스트, 이른바 화이트리스트가 드러났다. 권력과 금력, 보수 우익들이 결합한 형태의 화이트리스트는 그동안 보수단체의 집회와 목소리가 민의가 아니었고, 부당한 권력의 부도덕성을 여지없이 드러낸다. 블랙리스트와 함께 반드시 규명되어야 할 개혁과제로 삼아야 한다.

박근혜의 7시간

심영섭

이기적인 너무나 이기적인

한국기독교교회협의회(NCCK) 언론위원회(위원장 이동춘 목사)는 2017년 3월의 「(주목하는)시선 2017」으로 '박근혜의 7시간'을 선정했다. '박근혜의 7시간'은 타자의 아픔에는 공감하지 않으면서, 자신의 사익 추구에만 오롯이 집중한 파면당한 전직 대통령의 이기적 시간이었다. 박근혜 전 대통령은 2014년 4월 16일 진도앞바다 맹골수도 바다 속으로 가라앉은 세월호에서 탈출하지 못하고 승객들이 발버둥칠 때, 7시간동안 대통령 직무에서 사라졌었다. 지금까지 알려진 박 씨의 행적은 오직 자신의 머리를 올리기 위해 미용사를 여러 차례 불렀다는 것뿐이다. 선출된 권력이 정치적 책임을 다하지 못하는 동안, 금요일엔 돌아오겠노라 약속하고 제주도로 수학

여행을 떠났던 단원고등학교 2학년 학생들과 제주도로 이사를 떠났던 가족, 여느 때처럼 평범한 일상을 위해 집을 나섰던 304명은 다시는 집으로 돌아오지 못했다. 그러나 박 씨는 자신이 낭비한 7시간을 감추기에 급급하여 세월호의 아픔을 한국 사회를 분열시키는데 이용했다.

지난 2017년 3월 22일 박 씨는 또다시 '사익에 충실한 7시간'을 보냈다. 박 씨는 뇌물 수수와 직권 남용, 부정 청탁 등 13가지 혐의로 검찰 조사를 받은 뒤, 자신의 진술문을 읽고 또 읽느라 7시간을 몰입했다. 자신의 체면과 이익을 지키기 위해서 사투를 벌였지만, 그 시간에도 진정성 있는 사과 한마디를 기다렸던 국민의 바람에는 응답하지 않았다. 선출된 권력이었던 박 씨에게 국민이 기대했던 최소한의 도덕성을 그는 보여주지 않았다. 박 씨가 사적인 7시간을 보낸 다음날인 2017년 3월 23일 세월호는 1073일 간의 기다림과 슬픔, 분노, 그리고 의혹을 담은 채 물 밖으로 끌어올려졌다.

'대통령의 7시간'은 2000여 년 전 예루살렘 궁전에서 헤롯왕의 생일 연회에서 춤을 춘 대가로 세례자 요한의 머리를 요구한 살로메의 자기도취를 떠올리게 한다(마가복음 6:20-29). 예루살렘의 부패한 권력과 교회는 절망에 빠진 민중의 삶은 외면한 채 사회개혁을 요구했던 세례자 요한을 희생시킴으로써 자신들의 이기적 삶을 보호했다. 박 씨는 아직까지도 수습되지 못한 채 아홉 명의 국민이 세월호에 갇혀 진도앞바다 맹골수도에 있음에도 1073일 동안 인양을 서둘지 않았다. 오히려 진실이 인양되는 것을 막기 위해 권력을 남용했다. 4·16세월호참사특별조사위원회의 활동을 방해했다. 박 씨와 그를 둘러싼 세력은 자신들의 권력을 유지하기 위해 국민의 아픔을 감싸기 위한 최소한의 이타심마저 포기했었다. 절망에 빠져 살아가던 이스라엘 백성에게 새로운 시대의 희망을 전파하던 세례자 요한을 죽여서라도 '지상의 천국'을 지키려했던 살로메의 '광란의 춤판'처럼 박 씨는 '7시간'은 슬픔에 빠진 국민에게 절망을 주는 시간이다.

독일의 조각가 케테 콜비츠(Kathe Kollwitz)가 만든 피에타(Pieta) 상은 전쟁에서 주검으로 돌아온 아들을 안고 말없이 눈물 흘리는 늙은 어머니를 투박하게 묘사하고 있다. 콜비츠의 피에타는 주검이 되었더라도 아들을 돌려받았다. 그러나 이 땅의 어머니 아홉 명은 아직도 3년 전 맹골수도에 침몰한 세월호에 갇힌 아들과 딸을 만나지 못하고 있다. 40대의 젊었던 단원고 2학년 학생들의 엄마들은 이제 3년을 30년처럼 살아오며 가슴이 논바닥처럼 말라비틀어져 버렸다. 그들의 아픔은 박 씨의 7시간 그 어디에서도 찾아볼 수 없었다.

서울의 아이히만과 '7시간' 시간

1961년 예루살렘에 잡혀와 재판을 받은 나치 장교 아이히만(Adolf Eichmann)에게는 타인의 입장에서 생각하는 능력이 없었다. 아이히만은 타인의 입장을 이해하지 못할 뿐만 아니라, 스스로 판단하여 말로 표현하는 능력도 없었다. 이러한 표현의 무능력과 공감의 결여는 튼튼한 벽으로 기능하였기에 아이히만은 타인의 존재를 스스로 표현할 수 없었다. 예루살렘의 법관들 입장에서는 천박하지만 악마도 바보도 아니었던 아이히만을 사유할 능력이 없었다는 이유만으로 처벌할 수는 없었다. 물론 아렌트(Hannah Arendt)가 말하듯 '악의 평범성'이 아이히만에게 있었다고 해서, 그를 사형시킬 만큼 이스라엘이든 독일이든 사법체계가 엉성하지도 않았다. 아이히만은 자신이 맡은 일이 국가적으로 중요하다는 믿음을 갖고 있었다. 그는 타인의 고통을 공감하지는 못했지만 자신이 받는 모멸감에는 분노할 만큼 명예는 소중히 여겼다. 그는 1942년 1월 20일 서베를린 남쪽에 있는 반제(Wannsee)호숫가에서 개최된 '유대인 문제의 영구적 해결 방안'을 결의하기 위한 회의에 수행원으로 참가했다. 아이히만은 회의장 옆방에서 반제회의가 진행되는 동안 배석했지만, 그 사실만으로도 국가적으로 중요한 사안을 결정하는 단위의 일원이었다는 자부심이 있었다. 이스라엘 법관들에게 아이히만의 허영심은 사형선고를 내림으로서 '사법정의'를 구현하는데 충분한 법적 근거였다. 역설적이게도 아이히만은 이스라엘 법정에서 사형을 당함으로써 나치 시절에 누리지 못했던 '거물'로서의 명성을 얻는다. 나치 장군 인명록에조차 오르지 못한 영관급 장교에 불과했지만 악의 진부하고 평범한 세속적 욕망은 예루살렘에서 사형당하면서 얻을 수 있었다.

2014년 5월 9일 새벽, 서울 종로 광화문 앞에서 세월호 참사 유가족들이 아이들의 영정을 안은 채 박근혜 대통령을 만나기 위해 청와대로 걸어가고 있다.(출처: 민중의소리 ⓒ양지웅 기자)

세월호가 침몰하던 2014년 4월 16일 대통령이었던 박 씨가 아무런 공식 일정도 없이 숙소에 있었다는 사실을 청와대 출입기자들은 알았을 것이다. 최소한 7시간동안 대통령이 실종상태였고, 그에 대한 수많은 의혹이 넘쳐나고 있음을 청와대 출입기자들은 알고 있었다. 그러나 그들은 오랫동안 침묵했다. 일본에서 온 한 일간신문 기자가 박 씨의 숨겨진 7시간에 대한 풍문을 사실처럼 보도하기 전까지, 박 씨의 7시간은 금기였다. 그들은 박 씨가 헌법 제65조 제3항에 따라 국회에서 탄핵을 받고 일체의 직무를 정지당한 상태에서도 2017년 1월 1일 새해 첫날 청와대 신년간담회에 참석하여 박 씨의 병풍이 되어 고개를 끄덕이며 그의 변명을 성실하게 널리 알렸다. 마치 철장 뒤에 앉아 두꺼운 안경으로 재판정을 쳐다보던 아이히만만큼이나 평범하고 진부한 모습이었다. 국회 결의를 통해 직무를 정지당한 대통령이 임의적으로 개최한 행사였음에도 기자들은 질문 하나 제대로 던지지 못했다. 평범해도 너무나 평범한 '서울의 아이히만'이었다. 훗날 청와대 기자단은 "시간이 촉박했다", "경황이 없었다"라고 밝혔다. 그러나 세월호 청문회와 최순실 국정농단 청문회를 지켜보면 악에 저항하고 진실을 밝히려고 몸부림친 사람은 대부분 평범한 시민이었다. 위험을 감수하면서 끊임없이 물속에 뛰어들었던 잠수사들, 기사와 영상을 구매해줄 언론사 하나 찾기 어려웠지만 3년 동안 진도 앞바다에서 참사를 기록해 온 독립언론인들, 대통령의 불법 시술을 고발한 간호사와 실무 의료진이 그들이다. 이 모든 사건이 진행되는 동안 언론은 왜 아무것도 인지하지 않았을까? 혹 언론이 그들 가운데 하나로 '서울의 아이히만'이 된 것은 아니었을까? 사유하지도 공감하지도 않고, 그저 자신이 맡은 일에 최선을 다했다고 말하는 것은 아닐까?

자기애의 과잉, 타자애의 결핍

언론인뿐만 아니라 자기애는 과잉이지만, 타자애는 결핍상태인 사람이 박 씨 주변에 너무도 많았다. 우석훈은 그의 책 『내릴 수 없는 배』(2014)에서 전 세계적으로 연안여객선 사업이 사양 산업이 되면서 선장의 비정규직화, 화물의 과적, 노후 선박의 선령 연장 등이 일상화되었다고 밝혔다. 그러나 경제적 이익을 위한 불가피한 조치와는 별개로 한국에서는 이 사양 산업을 살리기 위해 교육과 연계하였다. 항만청은 교육부에 협조공문을 보내 학생들의 수학여행 때 연안여객선을 이용하도록 했다. 저가 항공이 고객 유치를 위해 무한경쟁을 벌이는 환경에서, 더 비싸고 시간이 오래 걸리는 연안여객선을 이용하게 함으로써 이익을 챙겼다. 어쩌면 자신들의 자녀를 악마에게 넘긴 것이었다. 자기애의 과잉이 타자애의 상실로 연계된 것이다. 개개인에게는 도덕적인 인간이 될 것을 강요하고, 규범을 지키도록 강요하지만, 자신들은 비도덕적인 사회제도를 고착화시킨 것이다. 결과적으로 개인의 아픔은 증가하지만, 사회는 부도덕할 수밖에 없다. 교육자와 해운사, 행정 공무원이 모두 하나의 견고한 메두살렘을 쌓을 것이다.

타인의 관점에서 생각할 능력이 없는 사람은 옳고 그름을 판단할 수 있는 능력이 없다. 그러나 옳고 그름을 판단하지 못하지만, 만들어진 언어 규칙에 따라 구별 짓는 일에는 뛰어난 능력을 발휘한다. 자기애는 과잉일 정도로 많지만, 타자의 슬픔에 공감하지 못하는 결핍은 개개인의 고통을 자신을 방어하거나 집단의 이익을 지키는 수단으로 활용하는데 죄책감이 없다. SBS가 2017년 5월 2일자 저녁 뉴스를 통해 대통령선거에서 유리한 위치에 있던 대통령 후보 진영이 세월호 인양을 고의로 지연시켰다고 보도한 것이나, 연합뉴스가 20107년 5월 14일 세월호 수색 과정에서 발견된 유해를 특정 실종자로 단정한 것은 타자의 고통에 대한 배려보다는, 자신들의 언어 규칙에 충실하려는 사유하지 않는 집행의 결과이다. 개별적 존재는 다른 여타의 개별적 존재에 대하여 자기를 분리함으로써 나타날 수 있다. 자기애는 과잉으로 넘쳐나지만 타자애가 결핍된 인격체는 관계가 형성되지 못한 고립에서 나온다고 할 수 있다.

인격은 다른 여타의 인격과의 관계 속에서 의미를 갖는다. '나'라는 인격은 타인과의 자연적인 분리(Abgehobeheit)의 정신적 형태이고, '너'와의 관계는 자연적인 결합(Verbundenheit)의 정신적 형태라고 한다. 이러한 관계는 차이를 구분할 줄 아는 능력에서 나온다. 차이를 구분한다는 것은 나의 고통과 기쁨만큼이나 타인의 고통과 기쁨을 등가적으로 인지함을 의미한다. 그러나 자기애의 과잉으로 타자애가 결핍된 상태에서는 관계를 위한 결합은 없다. 이러한 차이가 없는 상태에서 발생하는 소통은 일방적일 수밖에 없으며, 이 과정에서 대중매체가 양산하는 언어 규칙은 결합하기 보다는 분리하고, 고립시키는 역할을 수행한다.

박 씨의 7시간은 타자애가 결핍된 상태를 대변하지만, 대중매체는 관행의 진부한 기술을 통해 철저하게 7시간을 사소하게 만들어 버렸다. 오히려 자신들의 영향력을 이따금 정권에 각인시키기 위한 협박의 수단 정도로만 기능했다. 일본이 보수적인 일간신문인 산케이신문의 서울특파원이 쓴 박 씨와 정윤회 씨 사이의 7시간 풍문은 사실 여부와 관계없이 결핍된 타자애를 이용하여 영향력을 고착화하려는 행위였다.

자기애 너머 타자애 실천하기

언론은 슬픔을 극복하고 망각하기 위한 일상의 진부한 의식으로 만드는데 몰두하고 있다. 이젠 잊어야 한다. '부모상도 3년이면 탈상을 한다'는 이야기는 세월호 참사가 가져다 준 의미를 올바르게 인식하지 못한, '일상의 진부함'이 사회 발전을 가로막는 적폐로 작동하도록 만든다. 한국 사회 전체가 하나의 커다란 세월호라고 본다면, 급변침이 일어나기 이전에 뒤뚱거리며 갈팡질팡하는 그 지점에서 변화가 필요하다. 언론은 그 변화의 시점에서 발생하는 수많은 징후를 발견하고 전달하며, 이를 감추려는 음모에 저항해야 한다.

치유 받아야 할 자가 통치하는 시대의 언론도 치유 받아야 할 대상이다. 치유는 분리를 통해 이루어질 수 없다. 바로 (울음)소리가 나는 그곳으로 돌아가야 한다. 고통 받는 이들의 곁에 다가가 머물면서, 참회를 시작하는 일이다.

우리 사회는 공인이 되지 말아야할 사람에게 공직을 맡긴 잘못으로 2000년 전 예루살렘에서 발생했던 비극을 서울에서 다시 재현하고 말았다. 2017년 5월 9일 우리는 박근혜 정권이 초래한 국정 혼란과 국기 문란을 극복하고, 한반도 안팎으로 불어 닥친 문제를 해결해야할 새로운 대통령을 선출한다. '박근혜의 7시간'은 사익을 위해 7시간을 낭비할 자와 국익을 위해 7시간을 온전히 바칠 수 있는 지도자를 구분하는 잣대가 되어야 한다.

암흑 속에 아이를 잃은 한 어머니가 "그동안은 가난하지만 행복한 가정이었는데, 널 보내니 가난만 남았구나"라며 피눈물을 흘리던 역사를 이제 끝내야 한다. 우리 사회는 자신의 이익에만 철저하고 사회적으로 부패한 이기심을 버려야 할 때이다. 3월의 「(주목하는)시선 2017」으로 '박근혜의 7시간'을 선정한 것은 타자의 아픔을 공감하지 못하는 이 땅의 정치를 꾸짖는 일이자, 슬픔에 빠진 이들과 충분히 함께하지 못한 한국기독교의 신앙고백이어야 하는 이유이다.

【2017년 3월에 논의했던 다른 후보들】

― 도감청의 도구가 된 텔레비전과 초감시 사회
최근 CIA가 영국의 MI5와 함께 개발하여 스마트폰에 침투 소프트웨어를 심어서 텔레비전과 사회적관계망(SNS)을 통해 전 세계의 모든 대화 내용을 해킹하는 문제를 제기했다. 전 세계 시민사회가 초감시 사회의 위험성을 고발하고 연대적 대응이 필요한 시점이다.

― 언론적폐 청산
공영방송의 몰락과 종편의 역습을 보며 언론개혁 없는 사회개혁이 불가피하다는 문제의식을 제기한다.

― 가짜 뉴스

미국 대선을 뒤흔든 가짜 뉴스 보도가 2017년 한국 대선도 뒤흔들
수 있다는 위기의식에서 가짜 뉴스의 문제점과 사회적 해학을 지
적한다.

'가짜 뉴스'의 범람과 팩트 체크

김 당

'가짜 뉴스'의 범람과 팩트 체크

지난 19대 대선(2017. 5. 9)은 국민이 '짝퉁 대통령'을 탄핵하고 새 대통령을 뽑은 헌정 사상 첫 대통령 보궐선거였다. 또한 지난 대선은 역대 어느 대선 때보다도 이른바 '가짜 뉴스'가 범람한 선거였다. 중앙선거관리위원회의 발표에 따르면, 19대 대선을 앞두고 나온 '가짜 뉴스'가 4년 전 18대 대선 때보다 5배 이상 늘어난 것으로 조사됐다.

'가짜 뉴스'는 정치뿐만 아니라 언론의 생태계를 교란시키는 변종이다. 한국언론진흥재단이 발표한 〈일반 국민의 가짜 뉴스에 대한 인식〉 보고서를 보면, 우리나라 국민 4명 중 3명은 '가짜 뉴스' 때문에 '진짜 뉴스'도 가짜가 아닌지 의심하는 상황이다. '가짜 뉴스'의 피해 당사자인 언론사들은 '가짜 뉴스'에 대응하기 위해 어느 때

보다도 적극적으로 대선 팩트 체크팀을 구성했다. 그리고 각 당 후
보와 선대위가 쏟아내는 발언의 사실 여부와 공약의 실현 가능성을
검증했다. 이에 NCCK 언론위원회는 '진짜 뉴스'를 위협하는 '가짜
뉴스'의 홍수와 언론사 팩트 체킹의 일상화라는 새로운 현상에 주
목해 "'가짜 뉴스'의 범람과 팩트 체크"를 4월의 시선으로 선정하였다.

　'가짜 뉴스'(Fake News)에 대한 합의된 정의는 아직 정립되어
있지 않다. 최근 한국언론학회-언론진흥재단이 주최한 '가짜 뉴스
개념과 대응방안' 세미나에서도 가짜 뉴스의 정의와 범위에 대해
의견이 나뉜 가운데 '정치·경제적 이익을 위해 의도적으로 언론보
도의 형식을 하고 유포된 거짓 정보'라고 개념을 정리한 바 있다.
좀 더 단순하게 정의하면 '뉴스의 형태를 띠고 있지만 사실이 아닌
거짓 뉴스'라고 할 수 있다. 혹자는 '뉴스의 얼굴을 한 마타도어'(권
도연, 네이버 캐스트)로 정의하기도 한다. 이처럼 '가짜 뉴스' 또는
'가짜 정보'의 개념과 유형은 매우 다양하다.

가짜 정보의 유형은 ▶ 근거 없이 퍼지는 소문 등으로 정보의 불확실성이 주요 원인인 루머나 유언비어 ▶ 대상이 허구임을 인지할 수 있는 상태로 허위적 정보를 구성하는 패러디와 풍자적 페이크 뉴스 ▶ 사실이 아님을 인식하지 못한 채 의도적 또는 비의도적으로 전파되는 오인정보(오보, misinformation) ▶ 진실을 가장해서 고의로 조작한 거짓 정보(hoax) ▶의도적으로 만들어진 허위정보 또는 오해를 부르는 정보로서 대상을 속이기 위해 숙고해서 계산된 방식으로 퍼뜨리는 허위 정보(disinformation) 등이다('가짜 뉴스 개념과 대응방안' 세미나, 황용석 교수 발표 자료).

뉴스의 얼굴을 한 마타도어

여기서 우리가 우려하는 것은 관찰이나 판단의 오류, 선의의 거짓말, 만우절 농담 따위가 아니라 '정치·경제적 이익을 위해 의도적으로 언론보도의 형식을 띠고 유포된 거짓 정보'이다. hoax나 disinformation 같은 날조된 허위 정보는 그 내용 자체도 사실이 아니지만 사실이 아닌 콘텐츠를 의도적으로 유포-확대 재생산한다는 데 문제가 있다.

그런데 거짓 소문, 정치적 프로파간다 같은 '가짜 뉴스'는 사실 어느 시대에나 늘 있어왔다. 『삼국유사』에는 백제 무왕(600-641년)이 왕이 되기 전에 신라 선화공주와 결혼할 목적으로 선화공주의 불륜설(?)을 담은 '서동요'를 유포했다는 설화가 나온다. 서동요 자체도 '가짜 뉴스'에 기반한 것이지만, 당시 신라-백제가 갈등관계였음에 비추어 두 나라가 통혼(通婚) 관계에 있었다고 보기도 어렵다는 것이 학계의 중론이다. 그런데 천안함 사건과 세월호 참사라는 초대형 안보-재난 사고 국면에서도 음모론과 '가짜 뉴스'가 생산-유포된 것을 보면, '가짜 뉴스'가 생성되는 근본 배경은 정부 당국과 언론에 대한 총체적 불신에서 찾을 수 있다.

탈진실(post-truth)의 시대

이처럼 어느 시대에나 존재했던 '가짜 뉴스'가 최근에 이례적으로 주목을 받는 배경은 거짓의 총량이 늘었다기보다는 진실의 지위가 위태로워졌기 때문이라는 진단이 설득력을 갖는다. 영국의 옥스퍼드 사전위원회는 2016년을 상징하는 단어로 '탈진실'(post-truth)을 뽑았다. 옥스퍼드가 규정한 탈진실의 정의는 "여론을 결정하는 데 있어 객관적 사실(facts)이 감정이나 개인의 믿음보다 힘이 떨어지는 상황을 일컫는 말"이다("'좋아요'의 함정… 가짜 뉴스 권하는 SNS", 한겨레, 2017. 3. 6).

인터넷 기술은 정보혁명과 함께 이른바 '탈진실'(post-truth)의 시대도 함께 가져왔다. 10여 년 전까지만 해도 전통 미디어는 사실 보도의 권위가 있었다. 사람들이 논쟁을 벌이다가도 "이거 신문에

난 거야"라는 말로 한방에 정리가 되던 시절이 있었다. 2000년부터 인터넷의 성장과 확산 과정을 조사해온 미국 '퓨리서치센터'가 2017년 초에 발표한 조사에 따르면, 미국민 10명 가운데 9명이 인터넷을 사용하고 있으며 7명은 소셜미디어를 통해 뉴스와 정보를 얻는 것으로 나타났다.

문제는 소셜네트워크(SNS)가 정치적 견해나 사고가 비슷한 사람끼리 모이게 해, 보고 싶은 정보만 돌려보는 행동을 강화한다는 점이다. SNS는 기본적으로 본인과 유사한 의견·취향을 공유하는 공간이기 때문이다. 같은 견해를 가진 사람들끼리 정보를 공유할수록 이들의 견해가 더욱 극단으로 치닫는 이른바 '집단 극화'(group polarization) 현상을 더 부추기는 것이다.

'뉴스의 얼굴을 한 마타도어'는 특히 선거철 특수에 기승을 부리는 경향성을 띤다. '가짜 뉴스'가 세계적 관심을 끈 것도 힐러리 클린턴과 도널드 트럼프가 맞대결한 2016년 미국 대통령선거를 기점으로 '가짜 뉴스'가 크게 확산되면서부터다. 예를 들어 미국 대선 전 3개월 동안 페이스북 검색 상위 20위권 뉴스 중 '좋아요+공유+댓글 수'가 '진짜 뉴스'는 약 736만 건인데, '가짜 뉴스'는 약 871만 건으로 '가짜 뉴스'가 더 많았다. 걸러지지 않은 페이스북 '가짜 뉴스'가 개인의 후보 결정에도 영향을 미칠 수 있음이 확인된 것이다.

'가짜 뉴스'가 확산되는 또 다른 배경은 온갖 뉴스가 범람하는 인터넷 언론 시장에서 자극적인 '가짜 뉴스'일수록 '돈'이 되기 때문이다. 또한 정보를 제공하는 인터넷 검색업체나 SNS 등이 이용자

성향이나 취향에 맞는 정보만 골라 보여주는 '필터버블'(Filter Bubble) 현상도 '가짜 뉴스' 확산에 한몫을 한다. 문제는 이렇게 만들어진 '가짜 뉴스'가 사회 구성원의 통합을 막아 극단주의를 초래하고, 여론시장을 왜곡해 주권자의 올바른 선택을 방해하는 선거민주주의의 '적'으로 작동할 수 있다는 점이다.

사실 따지고 보면 '가짜 뉴스'에 선거가 휘둘린 경험은 한국이 미국보다 앞서 있다. 우리는 이미 2012년 대선에서 국가정보원이 사이버 심리전을 구실로 온라인 커뮤니티를 중심으로 여론 조작에 개입한 사실을 목도했다. 지난 4월에는 대북 무력시위를 통해 북한 핵실험과 도발을 억지한다는 명분으로 미 항공모함 칼빈슨호가 한반도로 항로를 변경한 것으로 보도되어 한반도 긴장을 최고조로 끌어올렸다. 그런데 이는 당국이 의도적으로 사실 확인을 방관함으로써 확대 재생산된 '가짜 뉴스'였던 것으로 밝혀졌다. 한반도에서 군사적 긴장이 증폭되고 우발적 충돌 가능성이 커진 가운데 국가 안보마저 '가짜 뉴스'에 농락당한 것이다.

이처럼 '가짜 뉴스'는 이미 세계적인 문제가 되었다. 지난 3월 오스트리아 빈에서 '표현의 자유에 관한 유엔 인권특별보고관'을 중심으로 〈표현의 자유와 '가짜 뉴스', 날조된 허위정보 및 프로파간다에 관한 공동선언〉을 발표한 것도 국제사회의 공동 대응을 이끌어내기 위해서였다. '선언'이 제시한 해법은 두 가지다. 첫째, 국가는 표현의 자유를 폭넓게 보장하는 한편, 어떤 경우에도 직·간접으로 허위 정보를 고무-유포하는 일에 가담해선 안 된다. 둘째, 표현의 자유를 진흥하기 위해선 국가가 신빙성 있는 정보의 유통을 적극 지원해야 한다(조효제, "날조된 허위정보를 어찌할꼬", 한겨레신문, 2017. 3. 8).

아울러 '선언'은 '가짜 뉴스'를 가려낼 수 있는 미래 시민의 육성과 보도의 정확성을 높이기 위한 언론의 자율규제 그리고 팩트 확인 서비스를 제공할 인터넷 서비스 제공자의 의무를 강조한다. '가짜 뉴스'의 최대 유통 경로로 지목된 페이스북은 이미 가짜 뉴스의 심각성을 인정하고 제3의 팩트체킹 사이트들과 협력해 '페이스북 저널리즘 프로젝트'(The Facebook Journalism Project)를 출범시켰다. 페이스북 이용자가 '가짜 뉴스'를 신고하면 비영리 언론기관에서 팩트 체크 과정을 거치는 '가짜 뉴스 필터링 테스트'나 페이스북 제휴 언론사들이 '가짜 뉴스' 차단 도구를 사용해 이용자들이 올리는 뉴스를 검증하는 '크로스 체크 프로젝트'가 대표적이다.

구글 역시 검색엔진 알고리즘 개선을 통해 '가짜 뉴스' 차단에 힘쓰고 있다. 구글은 지난 4월 페이스북과 손잡고 〈AFP〉, 〈르몽드〉 등 언론사 8곳과 협력해 프랑스 대선에서 '크로스 체크' 프로젝트를 수행했다. 제휴 언론사들이 페이스북이 개발한 허위 뉴스 차단 도구를 이용해 이용자들이 올리는 뉴스 기사를 검증하는 방식이다. 이에 따라 페이스북은 프랑스 대선과 관련해 10일 전에 허위정보를 유포해온 프랑스 페이스북 계정 3천여 개의 활동을 중지시켰다. 프랑스 언론이 '가짜 뉴스'에 어떻게 대응했는지 살펴보는 것은 좋은 시사점을 제공했다.

팩트 체킹은 '가짜 뉴스'에 대한 최선의 방책

프랑스에선 대선 결선투표를 이틀 앞둔 시점에 마크롱 캠프의 이메일 유출 파문이 불거졌다. 유출되었다는 이메일에는 진짜 문서와 가짜 문서가 뒤섞여 있었으나, 유출 자료를 살펴 그 진위를 판단하기에는 시간이 충분치 않았다. 프랑스 언론들은 이를 보도할 것인지 여부에 대하여 매우 신중한 태도를 취했고, 이는 결과적으로 언론이 정도를 걸음으로써 가짜 뉴스에 적절히 대응한 사례로 평가되었다. 늦더라도 팩트 체킹의 정도를 걷는 것이 '가짜 뉴스'에 대한 최선의 방책인 것이다.

팩트 체크는 새로운 현상이 아니다. 팩트 체킹 모델은 언론사가 직접 검증자로 나서는 '언론사 주도의 독립형 모델'과 대학 등 공공적인 기관이 팩트 체킹 기구를 설립하는 '연구기관 주도의 협업 모델'로 나뉜다. 팩트 체크는 사실 언론 본연의 직분이다. 그럼에도 언론이 별도의 팩트 체크팀을 구성해 검증하는 것은 선거라는 한시적인 국면에 사실 여부를 검증하기 힘들 만큼 양적으로 많고, 질적으로 교묘한 네거티브 공세와 선심성 공약이 쏟아지기 때문이다.

미국에서는 저널리즘 위기론이 대두되자 언론의 공공성과 신뢰 회복을 위한 방안의 하나로 탬파베이타임스가 만든 'Politifact.com', 워싱턴포스트의 'The Fact Checker', 펜실베이니아 대학이 운영하는 'Factcheck.org' 같은 3대 팩트 체커를 중심으로 사실 검증이 강화되어 왔다. 예를 들어 폴리티 팩트는 정치인, 언론, 블로거,

소문 등에 대해 검증을 거친 뒤 진실, 일부 진실, 거짓 등의 등급을 매긴다.

트럼프는 지난 대선 당시 〈뉴욕타임스〉, 〈CNN〉 같은 비판적인 언론에 '가짜 뉴스'라는 굴레를 뒤집어씌웠다. 그런데 팩트 체크는 역설적으로 트럼프 시대 언론들이 독자 신뢰를 회복하기 위한 주요 수단이 됐다〈버즈피드〉에서 팩트 체크 분야를 담당한 크레이그 실버맨 미디어 에디터는 "완전히 거짓말쟁이 후보자가 미국의 대통령이 됐다. 트럼프 시대는 미국 언론에 책임감이 요구되지만 동시에 기회도 있다. (페이스북 같은) 플랫폼, 저널리스트들이 힘을 합쳐 '가짜 뉴스'와 싸워야 한다"고 말한다(트럼프에 찍힌 언론들 '팩트 전쟁'을 선포하다, 경향신문, 2017. 5. 2).

한국에서는 2012년 대선 때 〈오마이뉴스〉가 대선후보 발언과 캠프 주장의 사실 여부를 검증한 '오마이 팩트'라는 탐사보도기획 (11. 2~12. 18, 76건 기사 송고)을 선보여 '한국형 팩트체킹 모델'로 관심을 끌었다(한국언론진흥재단, "저널리즘 공공성 실현을 위한 한국형 팩트체킹 모델 연구", 마동훈 고려대 미디어학부 교수). 그 뒤로는 JTBC가 일상적인 팩트 체크 코너를 만들어 수행함으로써 지금은 팩트 체킹이 시청자에게 익숙한 포맷으로 자리 잡았다.

19대 대선은 18대 대선에서 대통령후보를 제대로 검증하지 못한 후과(後果)로 치르는 보궐선거인데다가 조기대선이라는 특성 때문에 그만큼 언론의 검증이 중요해졌다. 19대 대선을 앞두고는 언론사와 대학이 협업하는 비정치·비영리적 팩트 체크 플랫폼 서

비스 모델이 처음 선보였다. 서울대와 16개 언론사가 함께 만든 국내 최초의 언론사 공동 팩트 체크 서비스인 'SNU 팩트 체크' (factcheck.snu.ac.kr)가 그것이다. 서울대 언론정보연구소가 이용자가 사실 검증을 요청할 수 있는 웹 플랫폼을 마련하고, SNU 팩트 체크에 참여하는 언론사들은 이 플랫폼에 사실이 검증된 질 높은 콘텐츠를 제공하고, 네이버는 대선특집 페이지에 웹 플랫폼을 게시하는 방식이었다.

'가짜 뉴스'에 파묻힌 팩트 체크

안타까운 현실은 16개 언론사가 모처럼 품을 들인 팩트 체크가 '양념부대'가 대량 살포한 '가짜 뉴스'에 파묻혀 빛을 보지 못한 점이다. 'SNU 팩트 체크'에는 3월말부터 대선일인 5월 9일까지 16개 언론사가 크로스 체크해 생산한 145건의 팩트 체크 기사가 서비스 되었다. 팩트 체킹이 품이 많이 드는 작업임을 감안하더라도 시시 각각 쏟아지는 '가짜 뉴스'에 견주면 턱없이 부족한 양이다. 게다가 5월 9일 대선이 끝난 뒤로도 새 대통령의 기자회견과 국무총리와 여러 공직 후보자들의 주요 발언 등이 이어졌음에도 불구하고, 대 선일 이후 팩트 체크 건수는 단 5건(5월 31일 기준)에 불과해 '언론 사 팩트 체킹의 일상화'라고 하기에는 무색한 실정이다.

사실 팩트 체크로는 '네거티브 대응팀'으로 위장한 선거캠프와 이른바 '양념부대'가 대량으로 생산-유통하는 네거티브 '가짜 뉴스' 를 차단하는 데 한계가 있다. 사후 신고와 언론의 자체검증만으로 '가짜 뉴스'의 생산과 확산 속도를 따라잡기는 불가능에 가깝다. 실 제로 지난 대선에서도 어떤 후보가 치매에 걸렸다거나, 다른 후보 가 조폭과 연계되어 있다는 '가짜 뉴스'가 삽시간에 사람들에게 퍼 졌지만 팩트 체크로 바로잡는 데는 한계가 분명했다. 그럼에도 불 구하고, 결론은 '가짜 뉴스'는 '진짜 뉴스'로 극복할 수밖에 없다는 사실이다. '민주언론시민연합'도 대선 이후의 언론에 이와 비슷한 제언을 하고 있다.

대통령 선거가 끝났으니 가짜 뉴스에 대응하기 위한 갖가지 아 이디어와 대안들이 제시될 것이다. 허망한 얘기일 수 있으나, 그 출발점은 언론이 본연의 역할에 충실히 하는 것이어야 한다. 권 력과의 거리를 유지하면서 감시와 비판이라는 본래 역할에 집중

하고, 그럼으로써 언론의 신뢰를 재건하는 것. 그것이 이 문제에 대응하는 가장 기본이지 않을까 한다(정민영, "가짜 뉴스, 대선 이후의 언론", 미디어오늘, 2017. 5. 11).

【2017년 4월에 논의했던 다른 후보들】

─ 언론개혁, 부역자 청산으로부터

언론노조가 발표한 '박근혜 정권 언론장악 부역자 명단' 60명은 언론개혁을 위한 첫 단추가 돼야 한다. 지난해 12월 1차로 발표한 10명, 지난 11일 2차로 발표한 50명의 의미를 다시 확인하며, 다시는 이 땅에 '기레기'가 발붙일 수 없는 문화를 만들어야 한다.

─ 비정규직 노동자 6명 고공농성 돌입

대선이 불붙은 가운데 '정리해고와 비정규직, 노동악법 철폐와 노동3권 완전보장'을 요구하며 비정규직 노동자 6명이 서울 광화문 4거리 광고탑에 올라 고공농성을 시작했다. 촛불 광장이 요구한 적폐 중 가장 본질적인 삶을 위한 최소한의 장치로서의 이들의 요구를 다시 주목한다.

─ 방심위, JTBC 의견 진술 결정

방송통신심의위원회가 보수단체들의 요구를 받아들여 JTBC의 의견 진술을 듣기로 결정했다. 야당 심의위원들이 퇴장한 가운데 결정한 이 조치는 황규완의 방통위원 알박기와 함께 박근혜 잔당 세력의 마지막 도전으로, 구악 청산이 얼마나 힘든지 상징적으로 드러내는 사건이다. 이제 JTBC는 징계까지 받을 가능성이 생겼다.

– 드라마 〈혼술남녀〉 조연출의 죽음

조연출의 살인적인 업무, 공시생들의 삶을 통해 청년들의 팍팍한 현실을 다룬 드라마라는 호평 이면의 불편한 진실, 그리고 사측 (CJ E&M)의 무성의한 대응 등이 여러 의미를 보여주고 있다.

덤벼라 문빠

김주언

덤벼라 문빠

2017년 5월의 「(주목하는)시선 2017」로 '덤벼라 문빠'가 선정됐다. 지난 5월 9일 대선에서 문재인 후보가 당선돼 정권교체가 성사된 이후, 문대통령 열렬 지지자(이른바 '문빠')와 진보 언론 간의 갈등 구도가 형성된 초유의 사례를 상징적으로 보여주기 때문이다. 과거 시민사회를 중심으로 '안티조선' 운동이 벌어지기는 했다. 하지만, 진보 언론과 대통령 열렬 지지지들 사이의 긴장관계가 나타난 것은 이번이 처음이다. 따라서 이번 사례가 보여주는 함축적 의미는 매우 크다고 할 수 있다.

대통령 열렬 지지자들과 진보 언론과의 긴장관계는 단순한 현상으로 치부하기는 어렵다. 어떤 의미에서 이 둘은 진보적 성향을 가졌기 때문이다. 특히 대선 과정에서 이른바 '한경오'(한겨레신문 · 경향신문 · 오마이뉴스) 기자들이 문재인 후보를 폄훼하거나 근거 없는 비난을 퍼부었다고 말하기는 어렵다. 오히려 이들이 중심이 되어 박근혜 전 대통령을 탄핵하고 파면시키는 데 일조했다. 대선 과정에서는 오히려 '조중동'(조선일보 · 중앙일보 · 동아일보)으로 대표되는 보수 언론들이 더 문 후보를 폄훼하는 데 앞장섰을 것이다. 그럼에도 불구하고 대통령 지지자들이 한경오와 갈등관계를 촉발하는 이유는 무엇일까.

더 깊이 있는 연구가 필요하겠지만, 몇 가지 이유를 생각해본다. 우선 언론에 대한 불신이 팽배해졌다는 점을 들 수 있다. 촛불항쟁 과정에서 검찰에 이어 언론이 첫 개혁 대상으로 지목된 것만 보더라도 그렇다. 노무현 전 대통령 8주기와 맞물리면서 노 전 대통령의 죽음에 '한경오'도 영향을 끼쳤을 것이라는 믿음도 한몫했다. 실제로 노 전 대통령 사망 직전 보여준 이들 언론의 행태는 보수 언론 못지않게 비난이나 조롱에 가까웠다는 점을 인터넷에서 확인할 수 있다. 여기에는 일부 팟캐스트 진행자나 과거 참여정부 인사의 저서도 일조했다.

대중은 이제 언론의 계몽주의에 싫증을 느낀다. 권력화한 언론을 극도로 싫어한다. 자신을 가르치려는 기득권 엘리트층에게는 적대감마저 느낀다. 촛불항쟁에서 보여준 집단지성의 힘을 더욱 기린다. 그래서 자신들과 비슷한 처지에 있다고 인식되는 네티즌이나 SNS 이용자, 팟캐스트 진행자의 주장을 더욱 신뢰한다. 여기에 뉴스를 소비하면서도 스스로 생산 능력을 갖춘 '프로슈머'의 역할이 자연스레 체화돼 있다. 게다가 집단의식이 확산되면서 거칠고 때로는 폭력적인 행태까지 거침없이 나타나게 된다.

실제로 진보 언론들은 그동안 너무 쉽게 살아왔다. 그저 '반이명박'이나 '반박근혜'를 외치는 건 얼마나 쉬운 일이었는가. 이제 대안을 꿈꾸는 언론은 과거 9년보다 더한 절박함을 가져야 한다. 문재인 시대이기 때문에 언론은 오히려 실패를 반복하게 될지도 모른다. 그러나 권력 감시라는 기본적 임무를 망각해서는 안 된다. 그렇다고 무조건 비판하는 것만이 능사도 아니다. 언론은 권력이 썩어가지 않게 할 수 있는 소금이기 때문이다.

열렬 지지자들도 언론의 기본 임무에 대해서는 이해하도록 노력해야 한다. 언론도 과거처럼 권력화하여 독자들을 가르치고 선도하려고 해서는 안 된다. 시대정신에 부합하는 토론과 요청을 거부해서도 안 된다. 이들과 소통하면서 공론을 모아가는 노력이 어느 때보다도 소중하게 되었다. 이른바 '숙의민주주의'가 그것이다. 소통의 거버넌스가 어느 때보다 중요하다. 그렇지 않으면 독자들로부터 외면당할 수밖에 없다.

'문빠'와 '한경오' 갈등 경과

문재인 대통령 부인의 호칭을 두고 독자와 언론의 갈등이 불거진 이후 다른 언론에도 불이 옮겨 붙었다. 점차 진보 언론과 이른바 '문빠'로 불리는 문 대통령 열렬 지지자들과의 전투를 벌이는 양상으로 확대됐다. 한겨레21 편집장을 지낸 안수찬 기자가 페이스북에 '덤벼라 문빠'라면서 군복에 소총을 든 표지를 게재하면서 사태는 걷잡을 수 없이 확산됐다.

안 기자는 한겨레21 표지에 대한 독자들의 불만에 속이 상했을 것이다. 그러나 독자들로서는 충분히 지적할 만한 말이었다. 당선된 지 1주일도 되지 않은 대통령의 사진들 중에서 게재된 사진이 부정적 의도를 느끼게 했기 때문이다. 대통령 지지자라면 불만을 표현할 수도 있다. 그러나 기자는 독자들을 '문빠'라며 '덤벼라'고 소리쳤다. 해당 글은 곧바로 자진 삭제됐다. 사과도 있었다. 음주로 인한 실수였다는 것이다.

그러나 독자들의 불만은 사그라들지 않았다. 대선 과정에서 한겨레신문이 문재인 후보한테 불리한 논조를 보였다는 주장마저 나왔다. 특정 기자들의 이름과 함께 비난이 빗발쳤다. 심지어 고 노무현 전 대통령의 죽음에 한겨레신문 기사도 일조했다는 주장도 널리 퍼졌다. 한겨레신문사의 지분 구조를 들먹이며 신문사를 인수하자는 제안도 나왔다. 한겨레신문 불매운동을 벌이자는 운동으로까지 번졌다. 결국 한겨레신문은 사고를 통해 사과하지 않을 수 없었다.

여기에 김정숙 여사 호칭 문제로 독자들과 설전을 벌인 오마이뉴스도 껄끄럽게 됐다. 오마이뉴스 손병관 기자는 김정숙 여사 표기에 대한 논란이 일자, 페이스북을 통해 영어권 국가에는 대통령

부인을 지칭하는 표현 자체가 없다고 반박했다. '호칭 인플레가 적폐', '대통령 부인을 영부인으로 부르는 시대는 지났다는 포괄적인 공감대가 형성되었다', '여사도 전근대적인 용어다'라고도 언급했다. 오마이뉴스가 '씨'를 원칙으로 하되, 시민기자 기사나 문맥 등을 고려해 '여사'를 허용하고 있다고 밝혔다.

그러나 문재인 대통령 지지자들을 완벽하게 설득하지 못했다. 김정숙 여사의 호칭에 이의를 제기한 독자들에게 해명한 회사 내부 방침('~씨'로 하기로 정했다)은 사실과 어긋났기 때문이다. 전 정권의 대통령 부인을 영부인, 여사로 표기한 흔적들이 나타나고, 심지어 일본 수상 아베의 부인에게도 친절하게 여사라고 했다. 게다가 기자는 문재인 대통령과 찍은 사진을 페이스북 프로필 사진으로 걸면서 "59% 국민여러분 양해해주세요^^"라고 해서 말썽이 됐다. 말 그대로 인정하더라도 국민 41%는 조롱받아도 되는 것으로 오해할 소지가 있기 때문이다.

독자들의 항의가 쏟아지는 데도 오마이뉴스는 물러서지 않았다. 다음날 한 기사는 가뜩이나 예민해져 있는 독자들을 더욱 자극했다. 관저로 이사해 첫 출근하는 문재인 대통령 내외의 근황을 알리는 기사였다. 대통령과 부인을 묘사하는데 아예 이름까지 생략했다. '문 대통령은 이날 오전 8시54분 주영훈 경호실장, 송인배 전 더불어민주당 일정총괄팀장, 부인 김 씨와 함께 관저에서 나왔다.'

딱 보기에도 문 대통령 열렬 지지자들을 자극하는 표현이었다. 더 나아가 대통령 내외를 무시하려고 했다는 인상을 줄 수도 있다.

한 문장에 등장하는 4명 중 남성들에게는 긴 직책도 모두 설명했지만 여성인 김정숙 여사만 '부인 김씨'로 처리했다. 또한 남성들은 대통령 문 씨, 경호실장 주 씨, 일정총괄팀장 송 씨가 아닌데 김정숙 여사만 '부인 김 씨'일 수 있었는지 의문이 든다. 이 때문인지 오마이뉴스 후원회원 탈퇴가 이어졌다. 결국 오마이뉴스도 10만인 클럽 회원들에게 사과하지 않을 수 없었다.

여기에 경향신문에 게재된 사진 설명 중 문재인 대통령이 청와대 식당에서 밥을 직접 '퍼서 먹었다'는 부분이 '퍼 먹었다'로 오해되면서 비난이 쇄도했다 미디어오늘 김도연 기자는 독자들의 집단행동에 대해 "개떼처럼 몰려가 일점사"라고 말해 또 하나의 표적이 됐다. 미디어오늘도 사고를 통해 사과하지 않을 수 없었다.

'한경오' 프레임 형성 과정

문 대통령 열렬 지지자들이 '한경오'(한겨레신문·경향신문·오마이뉴스)로 대표되는 진보 언론에 대한 반격은 초유의 사태이다. 과거와 달리 이들은 후원 중단이나 절독 운동 등에 나서며 적극 의견을 피력하고 영향력을 행사하고 있다. 과거 언론시민단체를 중심으로 안티조선 운동이 펼쳐진 적은 있으나 진보 언론을 향해 진보성향의 시민이 공격에 나선 것은 처음이다. 이러한 현상이 벌어지게 된 이유는 무엇인가.

이들은 '조중동'(조선일보 · 중앙일보 · 동아일보)은 가짜 뉴스만 쓰는 집단이고, '한경오'가 그나마 언론이라고 본다. 그러나 한경오도 조중동과 다를 바 없다고 생각한다. 이들은 모두 좋은 담론을 끌어와 포장을 하고 뒤에선 사익을 추구하는 행동을 하고 있다고 믿는다. 이러한 믿음을 뒷받침해줄 수 있는 영부인 호칭 논란 같은 '단서'가 발견된 것이다. 여기에 언론에 대한 불신이 뒷받침되고 있다. 촛불항쟁 과정에서 검찰에 이어 언론이 첫 개혁 대상으로 지목된 것만 보더라도 그렇다.

이러한 프레임은 대선국면에서 문재인 후보 열렬지지층을 대변하는 팟캐스트가 진보 언론의 편파성을 주장하면서 시작됐다. 게다가 고 노무현 전 대통령 8주기와 맞물리면서 노 전 대통령의 죽음에 '한경오'도 영향을 끼쳤을 것이라는 믿음도 한몫했다. 실제로 노 전 대통령 사망 직전 보여준 이들 언론의 행태는 보수 언론 못지않게 비난이나 조롱에 가까웠다는 점을 인터넷에서 확인할 수 있다. 여기에는 일부 팟캐스트 진행자나 과거 참여정부 인사의 저서도 일조했다.

팟캐스트는 진행자의 의견을 여과 없이 내보낸다. 편파성 여부는 문제 삼지 않는다. 그러나 정치 팟캐스트들도 마찬가지이다. 이들은 대선 과정에서 한겨레신문과 같은 진보 성향의 제도 언론을 신뢰하지 않는다고 선언하며, 진보 언론의 편파성을 주장했다. '권갑장의 정치신세계' 진행자 권순욱 씨는 진보 언론이 안철수 국민의당 후보에 편향돼 있다며 "일관성도 없고 양심도 없다. 한겨레,

경향, 오마이는 조중동을 비판할 자격이 없다. 여러분은 확실하게 버려야 한다. 그게 언론개혁으로 가는 길"이라고 주장하기도 했다.

이러한 주장은 팟캐스트가 대안 언론으로 성장한 것과 흐름을 같이한다. 정치 팟캐스트 댓글 공간에는 "조중동 한경오, 사방이 적이다"라는 표현부터 진보 성향 언론사를 향한 욕설과 조롱이 넘쳐난다. 이들은 진보 언론에 대한 문재인 후보 열렬 지지층의 반감과 안철수 국민의당 대선후보의 지지율 상승이 더해지며 정권교체에 대한 절박함과 함께 폭발적으로 소비되기도 했다.

문 후보 열렬 지지층은 조중동이 실현 불가능한 '양자구도' 프레임으로 안철수의 지지율을 높여주고 문재인과 안철수를 "익숙한 과거와 불확실한 미래"로 비유하는 식으로 선거에 개입한다고 비판했다. 그러나 진보 언론의 보도 태도 역시 보수 언론과 본질적으로 다르지 않다고 생각한다. 이들은 과거 참여정부에 대한 진보 언론의 비판 보도를 복기하며 진보 언론 또한 문재인 당선을 방해하고 있다며 적대감을 드러냈다.

참여정부 당시 청와대 홍보수석을 지낸 조기숙 교수의 저서 『왕따의 정치학』이 이러한 논거에 기름을 부었다. 조기숙 교수는 "거짓을 진실로 둔갑시키는 데 보수 언론뿐만 아니라 소위 진보 언론도 하나가 되었다"라고 비판한다. "한겨레와 경향은 2004년 총선이 끝난 후부터 비판적으로 변했고 임기 말에는 오마이뉴스까지 동참했다. 지금은 대상이 노무현에서 문재인으로 바뀌었을 뿐 조중동, 한경오가 하나 되는 기조는 현재진행형이다." 보수 언론이나 진보 언론 가릴 것 없이 참여정부 실패론과 친노 프레임을 만들었다는 것이 주장의 요지다.

조 교수는 "조중동이 노무현을 왜곡하기 위해 프레임을 짜면, 얼마 안 가 좌파 언론이 그대로 받아 보도하면서 진실이 되어버린다"고 주장한다. 예컨대 조선일보가 만든 친노·비노·반노라는 분열 프레임을 진보 언론이 지금까지 사용한다는 식이다. 그는 올해 (2017년) 초 경향신문 1월 3일자 "문재인 위한 개헌 저지 보고서 비문계 등 20명 관련자 문책"이란 제목의 기사가 동아일보의 프레임을 따라했다고 주장한다. 그는 "유독 한 사람에 대해서만은 보수와 진보가 하나가 되어 왜곡했다고 생각한다. 그가 바로 노무현"이라고 주장한다.

그는 진보 언론을 가리켜 우리 편에게 더 가혹한 이중 잣대를 들이 대고, 돈과 시간 부족으로 보수 언론 프레임을 따라가며, 운동권 주류 엘리트주의로 비주류를 무시하거나 자격지심이 있으며, 광고주 눈치를 보느라 친노, 친문에 가혹했다고 주장한다. 그는 또한 "2012년 진보 언론은 새누리당엔 관심조차 없는 것처럼 보였다. 대놓고 문재인만 비판하는 대안 없는 칼럼이 다수 눈에 들어왔다"라고 주장했다. "오마이뉴스에선 킹메이커를 자처하는 행동이 노골적으로 보인다. 노무현을 대통령으로 만들었다는 자부심 때문인지 문국현을 띄웠고, 조국을 띄웠고, 안철수도 열심히 띄웠다."

조 교수는 "무엇보다 노무현 대통령이 스스로 목숨을 끊는 결단을 한 데에는 좌파 언론의 사설이나 칼럼이 결정적으로 영향을 미쳤다"라고 주장한다. 친노, 친문 왕따를 완성하는 이들은 진보 언론이라는 것이다. 여기서 진보 언론은 구좌파로, 노무현은 신좌파로 대조된다. "노무현은 공공성을 추구하며 세계화와 시장경제의 장점을 포기하지 않았다. 좌파 언론은 노무현만큼 진보적이지 않았다. 좌파 언론이 20세기 경제적 평등이라는 구좌파 이념을 추구한다면 노무현은 21세기 진보라 할 수 있는 탈물질주의 이념을 추구했다. 탈물질주의의 요체는 탈권위주의이며, 이들을 유럽에서는 신좌파라 부른다."

기득권에 포섭된 언론

'덤벼라, 문빠!'라는 게시물에는 '우매한 대중의 어긋난 팬심이 불러온 광기라는 생각'이 기저에 깔려 있음을 회피하긴 어렵다. 물론 기자 입장에서도 다수로부터 무분별한 공격을 받아 고통을 느꼈을 것이다. 본인의 해명대로 취중 실수였고 악의도 없었을 것이다. 그러나 그를 포함하여 논란의 당사자가 된 다른 기자들까지, 한국의 언론과 기자들이 의식하지 못한 점은 그 '기백'에 우월의식과 배제, 확인되지 않은 탁월함에 대한 자신이 잠재되어 있다는 사실이다. 언론사가 정한 보도의 원칙과 관행은 독자, 또는 뉴스 소비자에게 문제 제기를 불허하는 영역에 속한다고 생각할 수도 있다.

과거 독재정권 아래 동맹자 또는 하수인으로 복무하던 언론은 민주화와 함께 스스로 권력화했다. 권력화한 보수 언론에 맞서 태동한 진보 언론 역시 언론간의 대립구조를 활용하며 실질적 동업자로서 권력을 분점하게 됐다. 진보 언론이든, 보수 언론이든, 모두 권력화하며 기득권의 확대재생산에 기여하는 동시에 스스로 기득권의 구성원이 되었다는 게 문제점이다. 언론 산업은 영리적 성격 때문에 비영리적 결과물을 통해 영리 활동의 정당성을 검증받아야 한다. 언론에게 부여된 막강한 사회적 기능은 절차적 정당성이 담보되지 않았다. 따라서 시민의 감시를 받아야 한다.

그러나 언론, 특히 진보 언론의 태도는 아직 과거에 머물러 있는 듯한 느낌이다. 이들은 자신들이 알고 있었던 틀 안에서 행동한다. 이들은 1980년대 후반 민주화운동의 선봉에 섰고, 이어 이명박·박근혜 정권의 언론 환경에서 시민의 권리를 지켰다고 자부한다. 일부 진보 언론인들은 대중을 계몽시켜야 할 대상으로 여기는 듯하다. 더불어 자신들은 '대중을 훌륭하게 이끌 엘리트'라고 생각하는 듯 보인다.

일반적으로 언론은 "잘한 것은 칭찬하고 못한 것은 비판 한다"고 명분을 내세운다. 그러면서 자신의 입맛에 맞춰 사건을 요리하며 자기 이익을 챙긴다. 정치는 "국민과 국가를 위해 결단했다"라고 말하면서도 뒷돈을 주고받는 데 익숙하다. 권력은 언론을 장악하고 정치를 무력화하기 위해 호시탐탐 기회를 노린다. 과거 같으면 은폐되고 조작됐을 스캔들은 오늘날처럼 미디어가 정보를 거의 완전히 지배하는 사회에선 의도치 않은 실수들을 통해 대중 앞에 낱낱

이 밝혀진다. 대중은 더 이상 민주주의의 이상을 말하는 자들을 믿을 수가 없게 되었다.

이제 대중은 정치와 언론의 엘리트들을 극도로 싫어한다. 언론의 가르치려는 듯한 계몽주의에 대한 반감도 매우 뚜렷하다. 따라서 엘리트들이 말하는 명분이 아니라 자신들과 비슷한 처지에 있다고 생각하는 네티즌이나 SNS 이용자, 팟캐스트 진행자의 주장을 더욱 신뢰한다. 따라서 기성체제에 포섭되지 못한 정치인이나 언론인들은 새로운 흐름에 편승한다. 언론이 절대권력도 비판할 수 있다지만 독자가 존재할 때 가능하다. 언론은 광야에서 홀로 외치는 고독한 선지자가 아니다.

대중은 더 이상 우매하지 않다

미디어 환경의 변화로 대중은 더 이상 우매하지 않고, 기자들에 비해 얻을 수 있는 정보도 적지 않다. 촛불혁명과 대선 기간에서 나타났듯이 대중은 단순히 언론에서 주는 정보만 소비하는 것이 아니라 SNS와 팟캐스트, 방송, 신문 등 다양한 매체에서 생산하는 정보를 접하고 비교 분석하여 재생산한다. 이를 다른 대중과도 공유한다. 이제 단순한 뉴스 소비자가 아니라 생산자까지 겸하는 '프로슈머'로서 활동한다. 개별적으론 기자들에 비하여 지식과 정보가 적을 수 있으나 집단지성을 발동해 더 높은 수준의 정보를 취사선택하고 소비하고 있는 것이다.

인터넷과 SNS의 발달로 기반은 마련됐으나 살아가는 데 바빠서 정치에 대한 관심이 적었을 뿐이다. 그러나 박근혜 정부의 국정 농단 사태를 보며 대중은 자신의 손으로 '나라를 나라답게' 바꾸기 위해 한 손에는 촛불을, 한 손에는 스마트폰을 들고 행동에 나섰다. 여기에 과거 고 노무현 전 대통령을 보수 언론뿐 아니라 진보 언론의 공격으로 허망하게 잃었다는 생각 때문에 대통령을 지키겠다는 일념으로 적극 행동에 나선 것이라고 볼 수도 있다.

문 대통령 열렬 지지자들은 더 이상 무지하지도 않고, 계몽해야 할 대상도 아니다. 이들은 전 세계 민주주의의 첨단을 걷고 있는 선구자들이다. 민주주의 선진국으로 불리는 미국과 유럽에서도 부러워할 민주화 혁명에 중추적인 역할을 한 주체들이다. 이들에 대한 진보 언론의 시각이 오히려 정치 참여에 대한 패러다임을 좇아가지 못하고 있는 지도 모른다. 진보 언론이 문재인 정부의 성공과 국민의 삶을 향상시키기 위해 역할을 할 것이다. 그러나 대통령 열렬 지지자들의 진보 언론에 대한 비판과 질책은 진보 언론에 대한 사랑과 기대에 대한 반증이라고 볼 수 있다.

'문빠'를 위한 변명

열렬한 문재인 지지자를 뜻하는 '문빠'와 진보 언론은 정치성향이 유사하다고 할 수 있을 것이다. 문빠들을 화나게 한 진보 언론의 보도는 사소한 잘못일 수 있다. 거기에는 고의성이 개입돼 있다고 보지는 않는다. 열렬 지지자들도 의구심과 피해의식 때문에 진보 언론과 소속 기자들을 공격했을 것이다. '문빠'들의 과도한 공격에 일각에서는 홍위병이란 용어를 들이대며 이들을 파시스트로 몰아간다. 그러나 언론에 대한 문제 제기는 파시즘으로 규정하기는 어렵다. 거칠고 때로는 폭력적이며, 정제되지 않은 집단주의적 분위기까지 묻어나지만, 이러한 행동은 의도성이 있다고 할 수밖에 없다.

'문빠'가 시대정신과 부합한다면 존재의 정당성은 인정된다. 자발적으로 광화문에 모이고 온라인에 모이는 이들은 동원되지 않았기 때문에 파시스트일 수 없다. 물론 파시스트로 간주될 수 있는 행태가 목격될 수 있지만, 이를 두고 파시스트로 몰아붙이기는 어렵다. 촛불 광장에 많은 흠결이 있었을지 모른다. 그러나 광장은 시대정신을 불러왔고 확산시켰다. 광장의 핵심에는 문빠가 있었다.

바른정당의 주호영 의원을 비롯한 여러 정치인들과 일부 기자들은 "문재인 대통령 지지자들은 팬클럽을 해체하여야 한다"라고 주장했다. 그들은 자신의 발언이나 기사 내용을 비판하는 문 대통령 열렬 지지자들에 대해 아이돌을 지지하는 팬클럽의 맹목적인 팬심을 갖고 있는 것으로 생각하는 듯하다. 그러나 열렬 지지자들은 팬클럽을 해체할 수 없다. 이들은 팬클럽을 형성하고 있지 않기 때문이다. 이들은 대선 당시 문재인 후보를 구심점으로 자발적으로 모여든 자유의지의 결정체이다.

이들은 자유롭고 의견 표출에 적극적이며 자의식이 강한 것으로 보인다. 이들은 누군가의 통제를 받아 움직이지 않고, 자신들의 의지로 의견을 표출하고, 자신들의 신념을 자신들의 비용과 시간을 들여 자발적으로 활동한다. 비슷한 성향을 가진 사람들과 정보를 공유하며 스스로 움직인다. 이들을 이끄는 리더가 따로 존재하지 않으며, 자신과 의견이 맞지 않을 경우 같은 지지자라 할지라도 적극적으로 비판하고 설득한다.

대선 막판 터져나왔던 'PK 패륜집단' 사건에서 보여준 이들의 활동이 대표적 사례이다. 문용식 더불어민주당 가짜 뉴스 대책단장의 'PK 패륜집단 결집' 발언에 홍준표 후보 측에서 'PK가 모두 패륜집단이라는 것이냐'라며 공격했다. 문 단장은 사과와 함께 사퇴했다. 이때 국면을 전환시킨 것이 문 후보 지지자들의 '홍준표 장인' 포털사이트 실시간 검색어 장악이었다. SNS에서 시작된 이들의 '홍준표 장인'에 대한 네이버 실시간 검색은 불과 몇 시간 만에 국민의 관심을 돌려놓았다. 홍준표 후보의 민낯을 보여준 되치기 한판이 되었다. 이런 행동은 조직된 게 아니었다. 일부 지지자들이 자발적으로 '특정 검색어와 관련 기사들을 검색하여 실시간 검색어를 올리자'고 제안하여 봇물처럼 터져 나온 것이다. 참여에 대한 보상과 불이익도 없었다.

이들은 대선 후에도 자유의지의 연장선에서 자신들이 지지하는 대통령에 대하여 적대적이거나 공정하지 못하다고 판단하는 기사와 언론을 상대로 적극 행동에 나섰다. 이들은 '촛불항쟁과 문재인 당선 및 정권교체'라는 과정을 거치며 성공을 체험했다. 이를 바탕으로 자신들의 행위가 올바른 민주주의로 나아가는데 큰 힘이 되고 있다고 확신한 것이다.

'정치인 팬덤'의 문제점

'한경오'에 대한 문제제기가 선을 넘었다고 보는 사람들이 걱정하는 것은 정치인 '팬덤현상'이다. 팬덤은 일반적으로 연예인들을 사랑하는 이들을 지칭하는 말이다. 정치인 팬덤현상이 가장 커다란 위력을 떨친 사례는 역시 '노사모'라고 할 수 있다. 지난 2007년 대선에서 노사모가 중심이 되어 노무현 대통령을 뽑았다고 하더라도 과언은 아닐 것이다. 그 이후 '박사모'(박근혜 대통령을 사랑하는 모임)이 결성됐다. 박사모는 박 전 대통령의 탄핵 무효를 외치며 아직도 극성을 부리고 있다.

정치인 팬덤현상은 연예인 팬덤현상과는 많이 다르다. 지나친 팬덤현상이 연예인들을 사랑하는 행위라면 공적 시스템에 크게 부담을 주지 않기 때문에 탓하기는 어렵다. 물론, '지나친 사랑'으로 상대진영에 대한 지나친 공격으로 사회문제를 일으킨다고 한다. 그러나 그뿐이다. 다만 정치에서 팬덤현상은 때로 정치 그 자체를 지우게 될 수도 있다.

자신이 좋아하는 정치 지도자가 있고, 그를 좋아하고 지지하는 것을 나무랄 수는 없다. 특히 자신이 하고자 하는 것들을 대신해 줄 지도자를 만나면 더할 나위 없는 기쁨일 것이다. 하지만 정치가 지도자를 중심으로 돌아가면, 정치에 대한 반응은 극단으로 치달을 가능성이 커진다. 지지자들의 열광과 반대자들의 냉소는 부딪칠 수밖에 없다. 이럴 경우 사람들은 지도자의 결정과 행위에 집중하게 된다. 시스템과 절차, 제도를 통해 권력을 제한하고 균형을 맞추거나 개인의 기본권을 강화하는 일에는 상대적으로 관심이 떨어지게 된다.

진보 언론의 대응은?

언론의 가장 중요한 가치는 공공성과 공정성이다. 그러나 미디어 환경의 변화에 따라 이것만으론 언론이 생존하기 어렵게 됐다. 뉴미디어 시대는 여기에 다양성을 더하게 했다. 그러나 다양성이 공공성과 공정성을 잠식하도록 해서는 안 된다. 그러기 위해서는 시대정신을 수용한 사명감과 기자적 양심이 필수적이다. 어떠한 외압에도 불구하고 양심을 꿋꿋이 지켜야 한다. 그러나 이번 사례에서 보듯이 소통은 사라지고 오만과 군림이 자리를 차지한 것 같다.

언론은 권력과 자본으로부터의 독립이라는 고유 기능을 본질로 한다. 사실 확인과 진리 추구의 본령에서 벗어나서는 안 된다. 이를 통해 권력을 감시하고 비판해야 한다. 그러나 언론의 사회적 기능을 천부인권인 것처럼 막무가내로 사용해서는 독자, 또는 뉴스 소비자로부터 외면당하거나 공격당할 수밖에 없다. 무엇보다 변화한 시대정신에 맞도록 변화하지 않으면 살아남기 어렵다.

과거 독재정권 시절이나 이명박 박근혜 시절에는 선도적 지식인 집단으로 사회적 기능을 수행할 수 있었다. 그러나 명시적 폭력이 사라진 민주주의 시대에서는 민주시민의 기대와 요구에 부응하여 기능을 지속적으로 조정하며 수행해야 한다. 무엇보다 시대정신이 달라졌기 때문이다. 이제 민주시민과 대화하고 토론하여 부단하게 진화하는 '소통의 거버넌스'가 필수적이 되었다.

사실 진보 언론은 그동안 너무 쉽게 살아왔다. 그저 '반MB'나 '반박근혜'를 외치는 건 얼마나 손쉬운 일이었는가. 이제 새로운 시대가 열리고 있다. 대안을 꿈꾸는 진보 언론은 과거 9년보다 더한 절박함을 가질 수밖에 없다. 새로운 시대에는 숱한 실패를 반복하게 될지도 모른다. 그러나 더 나은 실패를 반복하는 것이야 말로 대중의 요구에 답하는 길이다. 이를 위해서는 언론이 공론 조성과 숙의를 가능케 하는 공론장을 복구해야 한다. 이 과정에서 언론은 사건의 본질을 간파하는 저널리즘의 본령을 구현해야 한다. 이제 과거에 얽매여서는 안 된다. 진보 언론은 변화하는 정치 환경과 시민 참여, 시민에 대한 올바른 인식을 갖춰야 한다. 시민을 선도한다는 의식에서 벗어나 함께 발을 맞춰야 한다.

【2017년 5월에 논의했던 다른 후보들】

— 이한빛 PD와 비정규 언론노동자

비정규직 노동이 관행적이고, 군대식 상명하복 문화가 일상화된 방송콘텐츠 제작현장에서 개인의 인격권과 노동자의 기본권이 침탈당하는 일은 비일비재한 현실이다. 미디어가 사회적으로 깨어 있어야 할 공기로 기능해야 한다지만, 실제로는 사회적으로 가장 어두운 그늘이 많은 곳의 하나이기도 하다. 비정규직 언론노동자의 비애를 잘 보여준 사건이 이한빛 PD의 자살사건이다. 그는 자살했지만, 그를 죽음으로 몰아간 것은 한국 언론이라 할 수 있다. 한국 언론에 의해 죽을 때까지 착취 받는 한국 언론의 구조적 문제를 조명할 필요가 있다.

— #나도 징계하라

폭정을 견뎌낸다는 것은 살아남은 자에게도 외상이 남는다. MBC 언론 부역 9년 동안 정권과 사측의 폭압에서 견뎌온 MBC구성원들의 저항운동인 '#나도 징계하라'를 통해, '견뎌내야 했던 자'의 부끄러움과 용기를 성찰해 볼 필요가 있다. 일부는 사측에 의해 해고되고, 일부는 법원판결을 통해 복귀했지만 정상적인 근무를 할 수 없었고, 일부는 업무 관련성이 없는 부서로 좌천되고, 일부는 온갖 멸시 속에서 살아남았다. 그러나 그들만으로는 MBC의 재건을 장담하기는 어려운 시점이다. 이제 '#나도 징계하라'는 요구를 통해,

불의에 저항하는 자와 불의에 순응하는 자의 더 이상 부끄럽지 않기 위한 싸움을 조명해 본다.

'시선'의 시선

정지강

(NCCK 언론위원회 부위원장)

'시선(視線)'의 사전적 의미는

1) 눈이 가는 방향 또는 그 쳐다보는 눈

2) 어떤 대상에 대한 주의와 관심

3) 눈동자의 중심점과 외계의 주시점(注視點)을 잇는 선이다.

우리는 '시선'에 주목했다. 시선은 '어떤 대상에 대한 주의와 관심'이기 때문이다. 세상에는 '세상'을 바라보는 수많은 시선들이 존재했고, 우리는 그 시선들에 관심을 가졌다. 같은 세상이지만 바라보는 시선에 따라 세상은 다르게 읽혔다. 많은 시선들이 있었지만 모두다 우리의 시선은 아니었다.

우리는 그 여러 시선 중에 몇 가지에 주목했다. 힘없고 가난한 이들의 시선, 그들과 연대하며 뜻을 함께 하고자 하는 시선, 그렇게 힘없고 가난한 자의 목소리를 담아 정의롭고 평화로운 세상을 만들고자 하는 시선들에 주목했다. 우리는 이것이 예수의 시선이라고 믿었다.

'시선'을 주목하며 미디어와 제도 중심의 언론이라는 협의의 해석을 벗어나, 표현의 자유를 비롯해 집회, 결사, 시위 등 모든 소통 행위가 언론이라는 생각으로 접근했다. 예수는 가난한 노동자의 친구였고, 교회는 정의·평화·생명의 메시지를 전하는 미디어였다는 믿음의 실천이었다.

짧지 않은 시간이었다. 뜻을 같이 하는 사람들이 모이고, 여러 번의 준비회의를 거듭했다. 몇 달의 시간이 흘러 2016년 6월 첫 'NCCK 언론위원회가 「(주목하는)시선 2016」'을 선정했다. 그리고 이제 지난 1년간의 시선을 모아 또 하나의 시선을 정리했다.

김 군의 가방, 이정현 녹음 파일, 스토리펀딩, '하나도 거룩하지 않은 파산 변호사', 최승호 피디의 영화 〈자백〉, SNS 해시태그 운동 '#그런데최순실은?', 두 얼굴의 언론, 청소년 행동, 광화문 블랙텐트, 더불어 숲, 박근혜의 7시간, '가짜 뉴스'의 범람과 팩트 체크, 덤벼라 문빠.

2016년 6월부터 2017년 5월까지 대한민국 사회를 상징할 만한 시선들을 모아놓으니 또 하나의 시선이 펼쳐진다. 오늘, 이 시대를 살아가는 수많은 시선들이 모여 거대한 "우리의 시선"을 만들고 있다.

우리는 오늘 우리 사회의 소통이 무너졌다고 진단한다. 소통이 불통되면서 사람의 자리를 금력과 권력이, 다름의 자리를 차별이, 민주의 자리를 독재가, 평화의 자리를 전쟁이 차지하고 있다.

가치를 상실한 사회는 가진 자들이 더 많은 이익을 추구하는 비인간적이고 폭압적인 세상이 되었고, 인간에 대한 존중이 실종되면서 약자는 더 이상 의지할 곳을 잃어버린 꿈과 희망이 없는 세상으로 변해버렸다.

그래서 우리는 '시선'을 주목하며, 금력과 권력에 의해 왜곡되고 붕괴된 세상과 교회의 모든 소통을 복원하는 단초를 마련하고자 했다. 소통은 사람이 사람답게 존중받는 아름답고 평화로운 세상을 만들어, 하느님이 이 세상에 세우고자 한 정의와 평화, 생명의 나라를 세우는 일이기에 소통을 회복하는 일이야말로 언론위원회의 시대적 소명을 다하는 일이라고 믿는다.

이 작은 책이 그 시작이 되기를 희망한다.

2017년 9월에

글쓴이 알림

김당

1987년 월간 〈샘이깊은물〉에서 기자 생활을 시작해, 〈시사저널〉과 〈동아일보〉 신동아팀에서 주로 사회-국방-통일-안보 분야 기사를 썼다. 1990년대 중반부터 정보기관을 집중 취재해 1997년 15대 대선을 전후해 "안기부 북풍 공작 추적예보", "최초 공개 안기부 조직표" 같은 특종으로 이듬해 시사주간 지 기자로는 처음으로 한국기자협회의 '한국기자상'(취재보도 부문)을 수상 했다. 2002년부터 〈오마이뉴스〉에서 정치데스크를 세 번 맡아 대선 취재를 지휘했으며, 기획취재 총괄국장, 편집국장, 편집주간 겸 부사장을 역임했다. 현재는 『시크릿파일 국정원』(2016, 메디치미디어), 『국정원 사용설명서』 (근간) 등 정보기관을 주제로 한 저술 활동에 집중하고 있다.

김덕재

현 KBS 프로듀서이며 전 KBS PD협회장, 전 한국방송프로듀서연합회장, 전 한국PD교육원 원장을 지냈다. 역사스페셜 〈산송〉, 일요스페셜 〈여우야 여우 야〉, KBS스페셜 〈서해대교〉 외 〈도산 안창호〉, 〈고월 이장희〉, 〈신라승 김 교각〉, 추적60분, 소비자고발, TV 책을 보다, 시청자칼럼, 6시 내고향, 진품 명품 등을 연출했다.

김주언

충남 천안 출생, 서울고와 서울대 문리대를 졸업했다. 1980년 한국일보 입사 후 문화부, 편집부, 경제부, 사회부 기자, 서울경제신문 증권부 기자로 활동 했다. 대학 재학 중 민청학련 사건으로 투옥되었고, 기자 시절 1986년 보도 지침 사건으로 구속 기소됐다가 다음해 집행유예로 석방되어 9년 뒤 무죄 확 정 판결되었다. 한국기자협회장을 역임했으며, 1998년 퇴사 후 언론개혁시 민연대 창립 사무총장으로 일했다. 이후 한국언론재단 연구이사, 신문발전위 원회 사무총장을 지냈으며, 최근엔 KBS 이사로 활동했다. 현재 언론광장 감 사와 열린미디어 연구소 상임이사, 내부제보실천운동 공동 대표로 활동 중이다.

심영섭

건국대 신문방송학과 졸업, 베를린자유대학교 언론학부에서 언론학 석·박사과정을 마쳤다. 경희사이버대학교 미디어커뮤니케이션학부 겸임교수, 언론인권센터의 정책위원과 한국기독교교회협의회(NCCK) 언론위원회 전문위원, 전국언론노종조합 정책자문위원으로 활동하고 있다. 주요 논문으로는 "정치포르노그래피 등장의 물적 강제와 수용자 선택", "공영방송의 대안적 재원과 재원산정구조의 모색", "미디어 제도의 신제도주의적 접근을 위한 탐색적 연구", "TV매체가 재현한 다문화사회와 사회통합의 현실", "외국계 사모펀드의 국내 방송시장 진출에 관한 탐색적 연구", "신문배달원의 노동조건과 복지에 대한 연구" 등이 있다.

양승동

현 KBS프로듀서(PD)이며 전 KBS부산방송총국 편성제작국장, 전 한국PD연합회장을 지냈다. 주요 작품으로는 〈KBS스페셜〉(오래된 기억, 6.15남북정상회담 / 제18대 대통령 탄핵), 〈명견만리〉(인생 2막, 제3섹터에서 길을 찾다 / 40만 공시족, 정답을 묻다), 〈역사스페셜〉(모두가 난을 생각한 지 오래다 — 진주농민항쟁 / 독도강치의 증언 — 일제의 독도 침탈 비사), 〈인물현대사〉(나를 사로잡은 조선인 혁명가, 김산 / 새는 좌우의 날개로 난다 — 리영희) 등이 있다. 현재 〈KBS스페셜〉을 제작 중이다.

이영주

성균관대학교 사회과학대 연구교수, 제3언론연구소 소장.

장해랑

KBS 다큐멘터리 프로듀서로 입사해 〈추적60분〉, 〈세계는 지금〉, 〈KBS스페셜〉, 〈환경스페셜〉, 〈다큐멘터리극장〉, 〈인물현대사〉, 드라마 다큐멘터리 4부작 〈동학농민전쟁〉 등 프로그램과 3D영화 〈Moonglow The Lives〉를 만들었다. KBS 프로듀서협회장, 한국방송프로듀서연합회장, 1TV 편성국장, KBS Japan 사장, (사)한국피디교육원장을 역임했다. 콘텐츠학 박사학위를 받고, 세명대 저널리즘스쿨대학원 교수로 재직하며, 현재 한국기독교교회협의회 언론위원, 민주언론시민연합 이사, 국회방송 자문위원, TBS 시청자위원장, 피디교육원 패컬티 일을 맡고 있다. 『디지털시대, 프로듀서와 프로그램을 묻다』, 『다큐멘터리 세상을 말하다』, 『한국의 아름다운 소리』 등의 저서가 있다.

한홍구

서울 출생, 서울대 국사학과 및 동대학원과 미국 워싱턴대 사학과 대학원에서 공부했다. 현재 성공회대 교수, 성공회대 민주자료관장, 반헌법행위자열전편찬위원회 책임편집인으로 있다. (전) 평화박물관 상임이사, (전) 국정원 과거사건 진실규명을 통한 발전위원회, (전) 정수장학회공대위 집행위원장을 지냈고, 대표 저서로는 『대한민국사』, 『유신』, 『사법부』, 『역사와 책임』 외 다수가 있다.